카론의 동전 한 닢

정갑영의 新국부론

카론의 동전 한 닢

― 정갑영의 新국부론

2005년 8월 19일 초판 1쇄 발행
2008년 12월 30일 초판 9쇄 발행

지 은 이 | 정갑영
펴 낸 곳 | 삼성경제연구소
펴 낸 이 | 정구현
출판등록 | 제302-1991-000066호
등록일자 | 1991년 10월 12일
주   소 | 서울시 서초구 서초2동 1321-15 삼성생명 서초타워 30층
               전화 3780-8153, 8372(기획), 3780-8084(마케팅)
               팩스 3780-8152
               http://www.seri.org   seribook@seri.org

ISBN | 978-89-7633-266-0 04320
          978-89-7633-211-0(세트)

삼성경제연구소 도서정보는 이렇게도 보실 수 있습니다.
인터넷 홈페이지에서 → SERI 북 → SERI 연구에세이

025 **SERI** 연구에세이

카론의 동전 한 닢

정갑영의 新국부론

정갑영 지음

삼성경제연구소

책 머리에

모두들 경제는 어렵다고 한다. 현실 경제가 어렵기도 하지만, 경제를 이해하기는 더 힘들다고 한다. 정부는 항상 경제에 심혈을 기울인다고 하는데, 경제는 왜 어렵기만 한 것일까? 10년 후 한국은 어디로 가고, 세계는 어떻게 변화하며, 그 속에서 대한민국은 어떤 모습을 띠게 될 것인가? 모두들 미래를 궁금하게 생각하지만, 불행하게도 아무도 미래를 정확하게 예측할 수 없다. 특히 경제에 관한 예측은 더욱 그러하다. 수많은 가설과 전망이 난무하지만, 내가 아는 경제학으로는 어느 나라 경제의 미래도 운명론적으로 예정되어 있지 않다. 1960년대 이후 우리 경제가 한동안 고도성장을 달성했던 것도 예정되었던 운명이 아니었던 것처럼, 내일의 경제도 누군가가 미리 그려놓은 청사진대로 움직이지 않을 것이다.

우리가 미래를 알고 있다면 얼마나 좋겠는가? 그러나 역동적으로 변화하는 글로벌 경제의 소용돌이 속에서 내일은 더욱 불확실해지고 있다. 내일의 경제는 결국 그러한 변화에 어떻게 대응하느냐에 따라 결정된다. 이렇게 보면 운명은 환경이 만드는 것이 아니라, 거기에 대응하는 우리가 만들어 나가는 것이다. 더욱이 경제는 정부와 기업, 국민이 함께 움직여 만드는 것 아닌가? 국민들이 만들어내는 여론이, 민주적 과정을 거쳐 선택한 정부가, 기업을 움직이는 기업인들이 바로 경제의 미래를 함께 만들어가는 것이다. 따라서 경제의 흐름을 결정하는 밑바탕에는 항상 국민정서라는 큰 조류(潮流)가 움직이고 있는 것이다.

지금 우리는 어떤 조류를 타고 있는가? 많은 갈등 속에서 사회정서도 크게 흔들리고 있다. 대체로 시장과 효율보다는 형평과 분배를 중시하고, 글로벌 패러다임보다는 아직도 나라 중심의 폐쇄성을 선호하는 정서가 많은 것 같다. 도덕적 결벽성에 집착하여 모든 것을 합리성과 합법성보다는 투명성과 공정성의 잣대로 재단하려는 흐름도 많다. 물론 이 모두가 중요한 가치임에는 틀림없다. 그러나 주관성에 좌우되는 사회적 규범을 지나치게 중시한다면, 누가 과연 누구에게 돌을 던질 수 있겠는가? 오히려 사회적 혼란만 가중될 따름이다.

어느 날부터 '우리는 이상한 나라에 살고 있다'고 지적하는 언론도 있다. 싱가포르의 국부 리콴유(李光耀)는 한때 어두운 곳에서 돈을 벌고, 일본군을 위해 공산주의자들과도 협력했으며, IBM의 창업주 왓슨(T. Watson)은 한때 나치스(Nazis) 독일에서 십자훈장까지 받았지만 아무도 이들의 과거를 말하지 않는다는 것이다. 그러나 이들이 한국 사회에 살았다면 어떠했을

까? 물론 반론도 만만치 않다. 도덕적 가치를 무시하고, 성장제
일주의로 간다면 결국 무엇이 남느냐는 것이다. 문제는 과거에
집착한 사회적 갈등이 글로벌 경쟁력에 얼마나 부담이 되느냐
에 달려 있을 것이다.

  시장이나 기업(인)을 보는 국민정서는 더욱 복잡하다. 기업의
목적이 무엇인지조차 혼동하는 경우가 많고, 이윤에 대한 정당
성조차 제대로 부여하지 않으려 한다. 잘 나가는 일류 기업이
나 대기업에 대한 부정적 정서도 많다. 정치인들은 경제를 정
치적 논리로 풀려 하고, '시장보다 강한 정부'에 대한 설익은 믿
음이 강하다. 규제의 칼로 모든 것을 조정하려 든다. 과연 옳은
믿음일까? 강도 높은 규제가 많은 산업일수록 경쟁력이 떨어
진 역사적 경험을 외면하고 있다. 분배와 형평은 효율 못지않
게 매우 중요한 가치임에는 틀림없다. 그러나 부동산 시장이
보여주고 있는 것처럼, 반시장적인 전략은 오히려 분배를 왜곡
시킬 수 있다는 사실을 잊어서는 안 될 것이다. 기업을 규제의
대상으로 인식하고, 시장친화적인 정책을 외면하는 정서 속에
서 어떻게 건실한 경제성장을 기대할 수 있겠는가?

  고대 그리스인들은 망자(亡者)의 입에도 동전을 물려서 보냈
다고 한다. 삶을 마갈하고 저승의 하네스(Hades) 궁전에 가는

데도 돈이 필요했기 때문이다. 그곳에 가려면 몇 개의 강을 건너야 하는데, 첫 번째 강을 건너려면 늙은 뱃사공 카론(Charon)에게 반드시 동전 한 닢을 주어야만 했다. 돈을 갖고 가지 않은 혼령들은 카론에게 거절당해 저승으로도 가지 못하고 구천을 떠돌게 된다는 것이다. 죽은 혼령을 실어나르는 조각배 속에서도 시장이 움직인다니, 돈과 경제의 역사는 무척이나 오래된 것 같다.

물질이 가장 중요한 것은 아니지만, 경제적 풍요는 많은 것을 자유롭게 해결해준다. 캄보디아나 방글라데시를 가보라. 빈곤은 인간의 존엄마저도 위협하고, 인격조차 제대로 갖추지 못하게 한다. 오늘도 세계인구의 40% 가량은 하루에 2달러 미만으로 살아가고 있다. 바로 40년 전 우리의 모습이었다. 당시 우리에게 세계적으로 널리 알려진 기업이 하나나 있었는가.

국가도 부자가 되어야 국제사회에서 제 역할을 할 수 있다. 분배와 균형도 국부(國富)가 축적되어야 순조롭게 이루어질 수 있다. 쌓아놓은 부(富)가 없는 나라에서 경기마저 침체되면, 그때그때 소득에 의존하는 어려운 계층만 힘들어진다. 지금의 형국이 바로 이와 같다. 부동산 가격은 오르고, 경기침체로 일자리는 줄어드니, 자산이 있는 계층은 더 부자가 되고, 없는 계층은 더 궁금해진다. 섣부른 정책이 자산(stock) 가격만 올리고, 소득의 흐름(flow)은 차단하는 꼴이니 안타깝기만 하다.

어떻게 이런 상태에서 벗어나 우리 경제가 날아오를 수 있을까? 많은 조건이 필요하겠지만, 역시 가장 절실한 것은 '카론의 동전 한 닢'을 이해하는 국민정서 아니겠는가. 시장이 모든 것을 해결해줄 수는 없지만, 인류는 아직도 시장보다 더 유용한 도구를 찾아내지 못하고 있다. 글로벌 경제와 시장을 이해하는 바른 정서가 우리 경제의 내일을 결정하는 가장 중요한 관건이 될 것이다.

이 책은 지난 수년간 여러 언론 매체와 토론회에서 발표된 내용들을 모으고, 주제에 맞는 새 글들을 보완하여 엮은 것이다. 그 동안 인기리에 출간된 『열보다 더 큰 아홉』이나 『나무 뒤에 숨은 사람』과 달리 필자의 주장이 많고, 새로운 정책 대안들도 많이 들어 있다. 일부에서 많은 반론도 제기될 것이라고 기대하고 있다. 그러나 이 책의 내용은 어떤 정파성이나 특정한 사상을 대변하고 있지는 않다. 1960년대 이후 최근까지 우리 경제의 흐름을 조명해보고, 미래를 여는 새로운 글로벌 패러다임을 제시한 것에 불과하다.

이 책의 출간에는 학교를 떠난 이후에도 자료수집과 원고정리에 심혈을 기울여준 지용민 군의 노력이 컸으며, 초고를 읽어 준 김한아, 정윤경 양과 장두석, 남정우, 최지웅 군의 노력에도 사의를 표한다. 끝으로 출간을 맡아준 삼성경제연구소에 감사하고, 처음부터 끝까지 세심한 수정을 제안해준 임진택 팀장에게 고마움을 표한다.

2005년 8월
정갑영

차 례

PART I

서울 1964년 겨울

01

'서울 1964년 겨울' 그리고……

'서울 1964년'…… 그때의 모습은 무엇으로 대변될 수 있을까? 정치적 혼란 속에 대학은 데모의 소용돌이에서 벗어나지 못했고, 서민들은 보릿고개를 넘기거나 겨울나기가 힘들었던 시절이었다. 이런저런 이유로 서울로 밀려드는 행렬이 줄을 이어 '서울은 만원'이 되어갔고, 농촌이 점차 비어가는 현상도 이때부터 시작되었다. 밤이 되면 서울 거리에는 가스불처럼 소리를 내며 타오르는 카바이드 불빛을 걸고, 오뎅과 구운 참새를 파는 선술집이 나타났다. 전기가 귀했던 시절이라 백열등을 켜는 것조차 사치스러웠던 시절이 아니었는가.

당시 박정희 대통령이 마닐라를 방문했을 때 마르코스 대통령에게 건넨 첫 마디가 "우리나라도 필리핀만큼만 잘살 수 있다면……" 이었다니, 우리의 생활수준이 어느 정도였던가를 충분히 짐작할 수 있다. 아마도 지금의 필리핀을 상상하는 세대들에게는 호랑이 담배 피던 시절의 얘기로 들릴 것이다.

실제로 1964년은 우리 경제의 발전과정에서 매우 중요한 역사적 의미를 갖고 있는 해다. 반만년의 한국 역사에서 1인당 국민소득이 처음으로 100달러를 달성했기 때문이다. 당시 세계은행에 보고된 120여 개의 나라 중에 한국은 인도 다음으로 가장 못사는 나라에 속했다. 동네마다 엿장수들이 "머리카락 삽니다. 머리카락 사요!"라고 외치며 아낙들의 생머리를 모아 가발로 수출하던 시절이었다.

김승옥의 단편 「서울 1964년 겨울」에는 이러한 당시 시대상이 잘 그려져 있다.

어느 날 밤, 한 선술집에서 세 남자가 우연히 만나게 된다. 구청 공무원인 김씨와 안(安)이라는 대학원생, 그리고 30대 중반의 책 외판원이 등장인물이다.

군복무를 마치고 구청 병사계에서 일하고 있는 김씨는, 호주머니에 돈이 생기면 밤중에 선술집에 들르는 것이 커다란 낙이다. 인터넷은커녕 유선전화도 대중화되기 전이었고, 흑백 TV도 동네에서 손꼽히는 집에만 있던 시절이었다. 따라서 선술집한번 가려면 호주머니에 몇 번씩 손을 넣으며 고민할 법도 했다. 식량이 부족하여 여전히 '보릿고개'가 남아 있던 시절이었으니 선술집은 얼마나 사치란 말인가.

대학원생인 안(安)은 아버지가 1,000만 원 가량의 부동산을 소유한 부자였다. 또 다른 등장인물인 30대 중반의 외판원은 그날 아내를 뇌막염으로 떠나보내야 했는데, 가난했기에 변변한 치료는커녕 시체까지도 4,000원에 의대생 실습용으로 팔아야 했다. 이들은 각각 가난한 삶의 유일한 낙을 위해, 별다른 이유도 없이, 아내의 사체를 판 쓸쓸한 마음을 달랠 목적으로 선술집을 찾았던 것이다.

선술집에서 통성명을 한 뒤 2차를 나선 이들은 중국집으로 향했다. 외판원은 아내 사체를 판 돈을 그날로 다 써야겠다면서 비싼 것을 주문하라고 권했다. 공무원인 김씨는 그의 권유를 철회시키기 위해서 "아주 비싼 걸로 시킨다"며 겁을 주었다. 외판원은 상관없다면서 통닭과 술을 주문했다. 1964년 서울에서는 통닭이 '아주 비싼 음식'이었다.

식사를 마친 후, 이들은 갈 곳이 없었다. 다시 한번 외판원은 아내의 시체를 판 돈이 빨리 없어져야 한다면서 김씨와 안에게 넥타이를 선물한다. 그리고 귤을 사 먹었다. 300원의 귤값, 중국집에서 1,000원, 넥타이 값으로 600원을 지불했으니, 외판원에게는 이제 1,900원 가량이 남아 있었다. 사내는 조금이라도 빨리 아내를 판 죄책감에서 벗어나고 싶었던 것일까? 결국 소방차를 따라가 화재 현장에 도착한 뒤, 남아 있던 돈을 불길 속에 던졌다. 애초 목표였던 돈이 모두 소진된 까닭에 세 사람은 근처 여관에 들어가 각각 방을 잡고 뿔뿔이 흩어졌다. 그러나 다음날 아침, 외판원 사내는 숨진 채로 발견됐다. 자살한 것이다.

「서울 1964년 겨울」로부터 40여 년이 흐른 지금, 소설이나 드라마에 자주 등장하는 소재로는 어떤 것들이 있을까? 가족해체, 폭력, 탐미, 쾌락 등 40년 전의 기준으로는 모두 사치스런 것들뿐이다. 아내의 사체를 단돈 4,000원에 팔아 넘겨야만 했던 가난한 군상(群像)들은 찾아보기 어렵다. 아직도 상대적 빈곤은 많지만, 젊은 세대들의 의식 속에 '가난'은 이제 '우리'의 얘기가 아니다. 그것은 북한, 인도, 캄보디아 같은 저개발국의 얘기이거나 영화 속에 나오는 먼 나라의 화젯거리일 뿐이다. 지금의 젊은이들은 40여 년의 세월을 거슬러 올라가 당시의 구구절절한 시대상은 이해하기조차 힘들게 되었다.

가난한 날의 기억일지라도 추억은 늘 아련함을 신물한다. 1964년 서울, 대부분의 국민들은 치열한 생존경쟁 속에서 하루하루를 걱정하거나, 허기진 배를 달래며 가난한 날의 행복을 찾아야만 했다. 물론 오늘도 치열한 경쟁은 지속되고 있다. 오히려 세계 속에서 격랑의 글로벌 경쟁을 헤쳐 나가야 한다. 그러나 분명한 사실은 우리는 모두 '1964년의 겨울'보다는 따뜻한 계절을 맞고 있다는 것이다. 비록 1997년의 외환위기 속에 아픈 겨울을 다시 경험한 적이 있지만, 어떤 기준으로 봐도 1964년의 겨울보다는 포근한 계절을 만끽하고 있다.

그러나 문제는 오늘에 있지 않다. 오늘은 어제의 역사가 만들어낸 결과이고, 내일은 오늘의 역사가 만들어야 할 과제다. 오늘의 경제는 1964년의 추운 겨울을 힘들게 이겨냈던 앞선 세대들의 노력으로 일구어낸 것이다. 내일은 당연히 오늘의 젊은 세대들이 새롭게 창조해야 할 영역에 속한다. 1964년의 경제가 바로 2005년의 경제와 동일하지 않은 것처럼, 미래의 경제가 오늘과 같이 풍요롭다고 누가 보장하겠는가. 가난을 경험하지 않은 젊은 세대들이 이끌어 나가야 할 미래에 대한 불안이 큰 것도 이런 이유 때문이다.

경제의 성과는 물론 여러 요인들에 의해서 결정된다. 정치도 잘 해야 하고, 기업가나 정책 담당자도 제대로 해야 하며, 소비자의 역할도 매우 중요하다. 또한 해외 부문도 경제성장을 뒷받침해주는 환경이 조성되어야 한다. 그러나 이중에서도 가장 중요한 것은 역시 사람들의 생각이다. 정치도, 정책도, 기업도 모두 사람이 누구냐에 따라 달라진다. 국민들은 때로 잘못된 정치를 비판하지만, 그것 역시 한걸음 나가면 그런 정치인을 뽑아준 국민들의 책임을 면할 수 없다. 내일보다는 오늘의 편안함을 주는 인기 영합적 정치인을 선택한다면, 경제는 언제라도 추운 겨울로 돌아갈 수 있다. 시장과 경제에 대한 바른 인식이 부족하고, 글로벌 트랜드를 이해하지 못하는 사회가 어떻게 선진국으로 발돋움할 수 있겠는가.

우리 경제도 예외가 아니다. 많은 도전과 시련 속에 시장은 글로벌화되었지만, 아직도 국민들의 마음과 의식은 폐쇄적인 경우가 많다. 시장의 흐름과 역행하며, 실패한 나라의 경험을 좇아가는 사례도 많다. 분명히 '오른쪽'으로 가야 할 정책이 여론에 휩쓸려 '왼쪽'으로 가는 경우도 많다. 선진국의 관점에서 보면 너무나 당연히 도입되어야 할 정책들이 형평이나 균형을 중시하는 사회정서에 밀려 미처 꺼내보지도 못하는 경우도 많다. 동질성이 높은 문화적 장벽에 막혀 시대적 흐름을 거슬러 가는 경우도 등장한다.

과연 이런 국민정서는 어디에서 비롯되고 있는 것인가? 국민정서가 미치는 경제적 파장은 어떻게 나타날 것인가? 과연 우리가 갖고 있는 국민정서로 어떤 미래를 만들 수 있을까? 내일의 우리 경제는 어떻게 변화할 것인가? 국민정서에 이끌려 나가는 정책들은 어떤 결과를 가져올 것인가?

1964년 서울의 낭만을 그리워한다면, 그때의 가난도 함께 기억해야 한다. 2010년, 2020년, 또는 앞으로 40년 뒤의 서울은 어떤 모습일까? 분명한 것은 오늘 우리의 선택이, 바로 그날의 모습을 결정짓게 될 것이다.

02

한국에 태어난 축복

여러 나라들을 여행하다 보면 한국 땅에 태어난 것이 축복이라는 생각이 들 때가 많다. 애국심이나 민족주의적인 발상에서 비롯된 감상적 느낌이 아니다. 그렇다고 오랜 역사와 문화의 찬연함에서 비롯된 경외심도 아니다. 어려운 세상 속에 한번쯤 망상에 잠기자는 얘기도 아니다. 따라서 혹자는 요즘처럼 나라 사정이 복잡한 때 그게 무슨 소리냐고 힐난할 것이다.

이 땅에 태어난 것이 왜 그렇게 행복하단 말인가? 이유는 오히려 단순하고, 지극히 현실적이다. 어쩌다 북한이나 캄보디아, 에티오피아, 인도, 중앙아시아 등에 평범한 국민으로 태어났다고 생각해보자. 얼마나 궁핍한 삶을 지탱하며 힘겹게 살아가야만 하는가. 가난과 배고픔의 아픔을 잊고 자라온 우리의 젊은 세대들은 그곳에서의 삶이 바로 지옥과 같을 것이라고 푸념할지 모른다. 현재의 생활형편이 그곳 수준으로 바뀐다면, 당장 창문에서 뛰어내릴지도 모른다.

그렇다 하더라도 여행에서 주마간산처럼 스쳐본 저개발국의 모습만으로 이 땅에 사는 축복의 의미를 제대로 설명할 수 있을까. 객관적인 통계자료를 인용한다면, 무엇을 감사해야 하는지 보다 분명해질 것이다.

2003년 ILO(국제노동기구)가 발표한 자료에 따르면 세계 63억의 인구 중 절반인 30억 명은 하루에 2달러 미만으로 생활하고 있다. 나아가 10억의 인구는 아직도 하루 1달러 미만으로 처참하게 생활하고 있다고 밝혀졌다. 하루에 2달러면 1년 소득이 730달러, 그러니까 73만 원 내외라는 얘기가 된다. 극빈 저소득층이 세계 인구의 절반을 차지하고 있는 것이다.

거기에 비하면 우리는 어디에 있는가. 아무리 극빈층이라 하더라도 하루 1~2달러와는 비교가 안 된다. 1인당 국민소득으로 따지면 세계에서 25위 내외를 차지하고 있다. 2004년에는 환율인하 효과와 더불어 소득이 1만 4,000달러를 넘어섰다. 물론 소득이 절대적인 지표는 아니지만, 한 나라의 평균 수준을 나타내는 통계로는 손색이 없다.

우리보다 잘사는 나라가 그렇게 많지 않은 것도 사실이다. 아시아에서는 일본과 홍콩·대만·싱가포르가 있으며, 북미와 서부 유럽, 대양주의 몇 나라를 제외하면 우리보다 소득이 높은 나라를 찾기가 쉽지 않다. 그러나 불과 30~40년 전 우리를 되돌아보면, 최빈국의 삶은 결코 먼 이웃의 얘기가 아니다.

우리 경제의 도약이 맨 처음 시작됐던 1962년을 상기해보자. 제1차 경제개발 5개년 계획이 처음 실시되었던 해이다. 당시 소득이 얼마쯤이었는지 기억하는 사람은 많지 않을 것이다. 1인당 국민소득이 87달러에 불과했다. 요즘 대학생들의 1주일 용돈으로도 부족할지 모른다. 물론 당시에 비해 달러가치가 변한 것은 사실이지만, 오늘날의 최빈국보다 더 심각했다는 것은 쉽게 짐작할 수 있다. 실제로 '보릿고개'를 걱정하지 않으면서 살게 된 게 그렇게 오래된 얘기가 아니다.

그러나 다행히도 역사상 가장 짧은 기간에 최빈국에서 중진국으로, 식량을 걱정하다가 너도 나도 휴대폰을 들고 다니는 비약적인 발전을 했으니 어찌 축복받은 일이 아니겠는가. 어쩌다 이 땅에 태어났기 때문에 누리는 풍요인 셈이다. 물론 시간이 흐른다고 모든 나라가 저절로 빈곤에서 벗어날 수 있는 것은 아니다. 경제는 오히려 개구리가 벼랑을 뛰어오르는 것과 같다고 한다. 천신만고 끝에 한 발짝 올라갈 수 있지만, 한 번 잘못 디디면 몇 길 아래로 추락하기 십상이다. 아르헨티나를 비롯한 남미 국가들을 보라. 아니면 필리핀을 비롯한 동남아시아를 비교해도 좋다.

지난 몇십 년 동안 세계 도처에서 도약한 경제보다 오히려 추락한 드라마가 훨씬 더 많다. 우리처럼 40여 년간 줄기차게 성장한 나라를 찾는 것은 결코 쉬운 일이 아니다. 성공보다는 실패 사례가 더 많은 것이 경제정책이기 때문이다.

마닐라와 더블린, 두 도시 이야기

아시아의 전형적인 실패 사례는 필리핀에서 찾아볼 수 있다. 마르코스가 집권했던 1966년 필리핀의 소득은 230달러 수준으로 한국보다 두 배나 많았다. 우리보다 세 배 이상 높았던 적도 있었다. 필리핀은 천혜의 자원과 풍부한 인력을 바탕으로 한때는 일본에 버금가는 부자나라의 비전을 갖고 있었다. 많은 아시아인들이 선진학문을 배우기 위해 필리핀에 유학을 가기도 했다. 당시 한국이 필리핀을 따라잡는 것은 불가능한 과제로 여겨졌다.

그러나 세월은 흘러 1986년 마르코스가 추방됐다. 당시 필리핀의 소득은 불과 530달러로 우리의 5분의 1에 불과했다. 물론 그 이후에도 한국과 필리핀의 격차는 더욱 벌어져 지금은 우리의 10분의 1에도 미치지 못하고 있다. 20년의 장기 독재와 경제정책의 실패가 남긴 유산이 무엇인가. 수백만 여인들을 세계의 가정부로, 남정네들을 세계의 노동자로 전락시키고, 밤무대에 가수를 많이 수출하여 지구촌을 유랑하게 만들어놓지 않았는가.

반면 유럽의 대표적인 성공 사례는 아일랜드에서 찾아볼 수 있다. 아일랜드는 우리에게 생소한 나라다. 영화 〈라이언의 처녀〉의 무대였다는 사실이나 제임스 조이스(James Joyce)와 예이츠(W. B. Yeats)를 연상시키는 것으로 충분할 것이다. 경제로 연관시킨다면, 19세기 중반의 '감자 기근'이 고작일 것이다. 감자의 대흉작으로 100여만 명이 기아와 병으로 죽고, 150만여 명이 이민을 갔던 비극적 사건이었다. 인구의 3분의 1을 앗아갔으며, 유명한 케네디가(家)도 이때 미국의 보스턴으로 떠났다고 한다.

1980년대 말까지도 아일랜드의 경제는 빈약한 자원과 열악한 입지조건으로 서부 유럽에서 가장 후진적인 수준을 벗어나지 못했다. 1987년에는 높은 실업률(17%)과 GDP(국내총생산)의 120%에 이르는 채무로 IMF(국제통화기금)의 구제금융을 받아야 하는 상황에 몰리기도 했다.

경제가 그런 위기에 처하기도 했으나 지금은 EU(유럽연합)에서 가장 잘 나가는 나라로 부상했다. 1990년대 중반 이후 연평균 성장률이 무려 9.0%에 이르고, 1987년 8,700달러에 불과했던 소득도 불과 15년 만에 2만 5,000달러로 급증했으며, 최근에는 3만 달러를 넘어섰으니 어찌 신선한 충격이 아니겠는가. 영국의 경제주간지 『이코노미스트(*The Economist*)』가 지적한 것처럼 '음울한 경제'에서 탈피해 '눈부신 아일랜드 경제'로 탈바꿈한 것이다. 1996년을 기점으로 자신들을 수백 년간 지배했던 영국의 소득수준을 추월해, 민족의 한을 눈부신 성장으로 풀게 된 셈이다.

과연 무엇이 이렇게 비약적인 발전을 가져왔을까. 전문가들은 아일랜드의 성공을 세 가지로 요약한다. 사업환경의 개선을 통한 투자유치의 성공, 경제정책의 일관성, 안정적인 노사관계가 바로 그것이다. 실제로 아일랜드는 투자자의 천국이다. EU에서 가장 좋은 법인세 혜택과 보조금, 임금안정, 원 스톱 서비스가 제공되고 있으며 노사분규는 상상조차 못한다. 이 결과 마이크로소프트와 인텔, IBM 등 세계적인 정보통신업체의 생산기지로 변모했다.

더블린과 마닐라, 두 도시 이야기는 너무나 대조적이다. 공통적인 교훈이 있다면, 역시 경제에는 미리 정해진 운명이 없다는 사실이다. 풍요한 나라가 빈곤한 나라로 전락할 확률이나, 빈곤한 나라가 풍요를 창출해낼 확률이 별 차이가 없다는 얘기다. 언제라도 운명이 몇 번씩 바뀔 수 있는 것이다.

최근 글로벌 경쟁이 확대되면서 국가 간 부익부 빈익빈은 더욱 심화되는 추세다. 잘사는 나라의 소득은 엄청나게 늘어나고 있지만, 최빈국의 소득은 좀처럼 벼랑에서 벗어나지 못하고 있다. 세계은행에서 발간한 『세계발전보고서 2005(*World*

Development Report 2005)』에 따르면 1인당 국민소득(2003년 기준)이 가장 높은 룩셈부르크는 4만 5,740달러 수준으로 최빈국 에티오피아의 90달러에 비해 무려 500배에 달한다. 세계화와 정보통신의 발달이 부익부 빈익빈을 촉진한다는 지적도 있다.

무엇이 이처럼 풍요와 빈곤의 운명을 갈라놓는 것일까? 톨스토이(Tolstoi)가 『안나 카레리나』에서 말하는 것처럼 "불행한 가정은 수없이 다른 사연이 있지만, 행복한 가정은 모두 어떤 공통점을 공유"하고 있는 것일까? 실제로 벼랑을 오르다 추락한 개구리의 얘기는 불행한 가정처럼 각양각색이다. 독재자의 횡포와 정부의 부패가 원인이 되기도 하고, 아니면 인기를 좇는 '민주적' 경제정책이 화근이 되기도 한다. 형평이나 분배를 좇으며, 모두가 공동으로 생산하여 필요한 만큼 분배하자는 사회주의 이상(?)도 여러 나라에서 실패의 큰 몫을 차지하고 있다. 잘못된 국민의 선택이 한 몫을 차지하는 경우도 많고, 국제정세의 틈바구니에서 새우등 터진 나라도 많다. 불행한 사연은 역시 각양각색이다. 자원의 부존여부가 풍요와 빈곤을 갈라놓는다는 가설도 더 이상 성립하지 않게 됐다. 아일랜드와 룩셈부르크가 자원 때문에 부국이 된 것은 아니지 않은가.

그렇다면 잔사는 니라의 공통점은 무엇인가? 성공했던 경제의 특성은 어디에서 찾아볼 수 있겠는가. '행복한 가정'의 공통된 특징을 외면하고 어떻게 선진 한국을 달성할 수 있겠는가. 한 발 잘못 디뎌 벼랑으로 떨어진다면, 우리의 후손은 더 이상 축복받는 땅에 태어나지 못할 것이다. 가난한 시절의 낭만을 빈곤과 함께 넘겨줘야 할지도 모른다.

풍요로운 나라, 그것은 결코 저절로 주어지는 것이 아니다. 실패와 성공의 사례를 타산지석으로 삼아 각고의 노력을 해야만 달성할 수 있는 것이다. 어떻게 하면 축복받는 땅의 풍요가 지속될 수 있을까?

PART 2

시장과 '보이는 손'

01　　　　　성공한 나라의 비결

같은 문제, 다른 해결법

경제학계에 전통적으로 내려오는 유머가 있다. 노벨경제학상
을 받은 저명한 학자의 이야기이다. 미국 아이비리그의 명문대
학교에서 경제학을 전공한 뒤 사회에 진출해 중소기업을 경영
하는 한 기업인이 자랑스럽게도 자기 아들을 그곳 경제학과에
입학시키게 됐다. 어느 날 이 기업인은 아들이 재학 중인 모교
를 찾아갔다. 백발이 무성한 자신의 은사가 아직도 강의를 하
고 있었고, 아들은 마침 중간고사를 치르는 중이었다. 힘겹게
중간고사를 보는 아들의 시험문제를 보니, 갑자기 가슴이 부글
부글 끓어올랐다. 시험문제라고 출제된 것이 자신이 25년 전에
시험 봤던 바로 그 문제가 아닌가! 등록금이 얼만데! 아직도 문
제 하나 바꾸지 않고 게으르게 강의를 하다니, 아이비리그의
명성은 어디로 간 것인가?

　화를 꾹 참다가 드디어, 은사와 저녁식사를 하면서 말을 터뜨
렸다.

　"교수님, 여전히 바쁘신 것 같군요? 우리 아이 시험 문제를
보니, 제가 치르던 문제와 똑같더군요."

　교수는 묵묵부답이었다.

"어떻게 지금까지 같은 문제로 가르치시나요? 강의 노트도 여전한가요?"

드디어 그 석학이 한마디로 응답했다.

"자네는 그렇게 생각하니 아직도 중소기업밖에 경영하지 못하지. 자네 동기들은 거의 대기업의 CEO(최고경영자)가 되었는데. 경제학의 문제는 변함이 없어도 그것을 해결하는 방법은 시대에 따라 변하지 않는가!"

'행복한 가정의 공통된 비결'이 무엇일까? 수많은 경제학자들이 그 비법을 찾기 위해 무던히도 많은 노력을 기울여왔다. 그 와중에 밝혀낸 것은 모든 나라들이 안고 있는 문제는 대부분 공통적이라는 사실이다. 무엇을 생산해야 하고, 어떤 방법으로 만들어야 하며, 누구를 위해 분배하느냐는 것이 대부분 나라들의 문제였던 것이다.

실제로 모든 경제문제가 이 범주에 속한다. 2만 달러를 달성하자는 것도 상세히 분석하면, 이 범주에서 벗어나지 않는다. 경제를 이끌 성장산업을 선택해야 하고(무엇을), 기술개발과 외국인 투자유치 등을 논의해야 하며(어떻게), 성장의 과실을 분배하는 제도(누구를 위해)를 만드는 것이기 때문이다.

그러나 불행하게도 경제학자들은 이 문제들을 해결하는 방법이 상당히 다양하고 시대와 문화에 따라 크게 달라진다는 사실을 발견하게 되었다. 19세기 초까지만 해도 부존자원이 경제발전의 가장 중요한 원동력이라고 믿어왔다. 따라서 국가의 물질적 풍요를 위해서는 자원이 풍부한 나라를 침공하고, 식민지를 확장하는 제국주의적 경제해법을 통해 성장의 기반을 확충

했던 것이다. 그러나 최근에는 자원이 곧 경제부국의 상징이라는 등식을 아무도 믿지 않는다. 오히려 자원이 경제성장을 제약한다는 가설이 등장할 정도다.

'21세기 부강한 나라'의 공통점 네 가지

그렇다면 21세기에 행복하게 살기 위한 조건은 무엇일까? 국제기구와 경제전문가들이 분석한 자료를 보면 경제성장을 이룩했던 국가들은 몇 가지 공통점을 갖고 있다. 1960~1970년대의 경제 부국의 조건은 대개 부존자원이 가장 중요한 요인으로 등장했지만, 21세기의 모델은 과거의 성장 패러다임과는 많은 차이를 보이고 있다. 우선 정부정책이 부존자원보다도 훨씬 더 중요하고, 나라의 흥망을 가르는 직접적인 변수가 된다는 점이다. 경제성장을 이룩한 나라들의 공통된 비법 네 가지를 정리하면 다음과 같다.

첫째, 시장친화적인 정책이다. 한동안 세계는 사회주의와 자본주의로 대립되었다. 그러나 경제성과 측면에서 보면, 시장체제의 우위를 부정할 수 없게 되었다. 1970년대 중반까지만 해도 사회주의의 경제적 우월성을 주장한 학자도 많았지만, 역사는 반대편이 손을 들어주었다. 물론 시장친화적인 정책은 여기서 그치지 않는다. 시장경제 내에서도 시장의 인센티브를 적극적으로 활용하는 국가의 경제성과가 좋았다. 때로 시장은 분배와 형평과는 거리가 멀다고 비난받았지만 시장의 속성을 헤아려보면, 시장친화적인 정책의 우위를 부정하기 힘들다.

시장의 인센티브란 경제주체가 자신의 이익을 추구할 수 있는 동기(motivation)를 부여하는 것이다. 기업가에게는 투자를 통해 이윤을 증가시키고, 열심히 일한 근로자에게는 더 많은 보상을 하며, 사회적으로 바람직하지 않은 행태에는 경제적 불이익을 주는 정책이 바로 시장친화적인 정책이다. 버스 전용차선제에 벌과금을 부과한 뒤, 얼마나 차선이 잘 지켜지고 있는가.

시장의 인센티브가 모든 문제를 해결해줄 수는 없지만, 생산의 증대와 투자의 활성화 등 바람직한 경제활동을 유도하는 데 가장 효율적이라는 것이다. 실제로 시장에 과감한 인센티브를 부여하여 기업의 투자 마인드를 움직이고, 근로자를 열심히 일하게 하며, 시장경쟁을 유도하는 정책은 성공했다. 그러나 반(反)시장적인 제도로 성공한 경제는 어디에서도 찾아볼 수 없다. 사회윤리나 공동체의 목적, 국가적 책임의식을 강조한 경제정책은 대부분 실패했음을 역사적 경험을 통해 알게 되었다. 비록 단기적인 성과를 거둔다 해도 그 이면에는 반드시 부작용이 수반되게 마련이다. 시장을 거스르는 정책은 오히려 장기적으로 큰 사회적 비용을 지불해야만 한다.

둘째, 정부정책의 일관성과 효율성을 지적한다. 정치적 안정과 경제정책의 일관성은 아무리 강조해도 지나치지 않을 것이다. 정치적 혼란으로 정책의 일관성을 상실하거나, 국민 여론에 우왕좌왕하는 정책으로 어떻게 좋은 성과를 거둘 수 있겠는가. 정책의 불확실성이 높으면 기업은 투자를 꺼리고, 소비자 역시 적극적인 경제활동을 주저한다. 불확실한 경제상황에서는 자본의 해외유출이 심화되고, 투자부진으로 국내산업의 공동화가 나타날 뿐이다. 실제로 남미의 많은 국가들이 풍요한 자원을 바탕으로 한때 세계 일류국가의 대열에 올랐지만, 정치적 혼란으로 인한 정책의 불확실성으로 지금은 실패한 나라의 표본으로 등장하지 않았는가. 물론 필리핀도 대표적인 사례다. 인도와 같은 나라는 민주적인 정치제도가 정책의 혼란을 가져와 경제발전에 실패한 사례로 기록됐다. 우리나라가 고도성장을 이룩한 것도 1960~1980년 사이의 일관된 경제정책에 기인한다.

셋째, 개방화다. 개방은 자본과 새로운 기술의 유입을 촉진한다. 따라서 부존자원이 빈약한 우리와 같은 나라도 경제발전이 가능하다. 우리 경제의 도약을 가져왔던 대표적인 정책이 수출지향적인 개방정책 아니었던가. 요즘 같은 글로벌(global) 경제에서 개방의 필요성은 더 말할 나위가 없다. 자급자족을 외치던 많은 사회주의권이 몰락한 사례가 바로 그 증거가 된다. 북한의 '주체'도 대표적인 사례에 속할 것이다. 사회주의뿐만이 아니다. 우리나라의 역사에서도 폐쇄적인 정책이 실시되던 시대에는 경제가 낙후된 상태에서 발전을 이루지 못했다. 반대로 아일랜드와 네덜란드와 같은 경제가 벤치마크가 되고 있는 이유가 어디에 있는가.

물론 개방화는 성제부문 간의 이해관계를 복잡하게 만든다. 경제를 개방하면 대체로 전통적인 산업은 피해를 입고, 수출지향적인 산업은 이익을 보는 것이 사실이다. 그러나 경제 내부의 손익은 정책의 보완으로 어렵지 않게 조정할 수 있다.

마지막 요인은 지속적인 생산성의 증가다. 생산성은 얼마를 투입하여 얼마를 생산하느냐는 지표다. 많이 투입하여 적게 생산한다면, 그런 경제가 어떻게 지속적으로 성장할 수 있겠는가. 일시적인 자본투입의 증가는 단기 성장을 가져올 수는 있어도 지속적인 성장을 이룩할 수는 없다. 생산성보다 높은 임금을 요구하고, 경제성이 없는 사업에 과다한 투자를 하며, 분배를 지나치게 강조하고 생산성을 무시하는 것이 바로 성장을 제약하는 요인이다. 효율과 생산성을 강조하며, 높은 부가가치를 창출하는 전문인력이 공급되어야만 지속적인 생산성의 증가가 가능하다.

'행복한 가정의 비결'은 일견 쉽게 달성할 수 있는 조건처럼 보인다. 그러나 총론에 모두 동의해도 각론에 들어가면 이해관계가 복잡해진다. 자신의 이익에 반하는 정책에 쉽게 동의하지 않기 때문이다. 정치인도 '올바른' 선택보다는 '인기 있는' 선택을 즐거워하고, 국민들도 당장 자신에게 이익이 되는 사람에게 표를 던지기 때문이다. 따라서 시장친화적이고 미래지향적인 정책은 항상 우리에게 가까이 있지 않다. 더욱이 국민들이 시장의 흐름을 제대로 이해하지 못한다면, 오히려 잘못 가는 정책을 잘 가는 정책으로 믿어버리는 오류까지 발생한다. 그래서 경제는 국민정서가 만들어낸 함정에 빠지기 쉽다.

물론 성공한 나라의 비결을 모두 준수한다고 고도성장이 저절로 달성되거나 모든 경제문제가 해결되는 것은 아니다. '행복한 가정의 비결'은 단지 지속적인 성장을 이룩하기 위한 최소한의 필요조건일 따름이다. 그래서 필요조건도 선택하지 못하는 사회정서에서는 경제의 선진화가 연목구어(緣木求魚)와 같은 애기일 수밖에 없다.

02

성공하는 정책, 실패하는 정책

시장친화적인 정책을 생각해보자. 시장과 정부는 수레의 두 바퀴와 같다. 시장은 '보이지 않는 손'에 의해서 움직이고, 정부는 '보이는 손'에 의해 운영된다고 한다. 수레의 두 축이 균형을 이루지 못하면 수레가 제대로 굴러갈 수 없다. 시장이 효율적으로 작동하지 않으면 경제는 제대로 움직이지 않는다. 정부정책이 왜곡되거나 실효를 거두지 못해도, 경제는 밝은 미래를 기약할 수 없다. 물론 시장도 정부도 실패할 가능성은 언제나 존재한다. 그러나 정부정책이 실패하면 엄청난 사회적 비용을 불러온다. 정부정책은 자율적으로 움직이는 시장을 특정한 방향으로 움직이도록 유도하기 때문이다.

예를 들어 설비투자가 부족하면 투자를 늘리도록 유도하고, 부동산이 과열되면 진정시키는 정책수단을 활용하여 시장에 신호를 보내는 것이 바로 경제정책이다. 따라서 정부가 신호를 잘못 보내면 수많은 경제주체가 '빨간 불'에서도 길을 건너는 오류를 범하게 된다. 그것이 바로 엄청난 사회적 비용을 유발하게 만드는 것이다.

그렇다면 경제정책이 성공할 수 있는 조건은 무엇인가? 왜 어떤 정책은 정부가 모든 정책수단을 동원해도 실패로 끝나는가? 단기적으로는 성공하는 듯하던 정책이 결국에는 실패로 끝나는 이유는 무엇인가? 성공하는 정책과 실패하는 정책을 갈라놓는 핵심적인 요인은 무엇일까?

성공하는 정책의 핵심요인은 첫째, '시장의 신뢰'를 받는 것이다. 모든 경제주체가 정부정책에 대한 믿음과 확신이 있어야만 성공을 거둘 수 있다. 정책의 신뢰가 얼마나 중요한가를 보여주는 역사적 사실은 카드 조각이 화폐로 사용되었던 캐나다의 사례에서 찾아볼 수 있다. 1685년 캐나다에서 발생한 사건이다.

프랑스가 임명한 캐나다 총독 자크 드뮬(Jacques Demeulle)은 본국에서 '통화'를 공급받지 못해 큰 어려움을 겪고 있었다. 당시 캐나다는 프랑스의 지배를 받고 있었지만, 수년 동안 본국에서 화폐를 공급받지 못했다. 프랑스는 전쟁과 왕실의 재정난으로 몇 년째 정화(正貨)를 보낼 수 없었고, 돈이 고갈된 캐나다는 큰 위기에 처하게 되었다.

이런 위기에 대처하기 위해 총독은 기발한 아이디어를 냈다. 바로 프랑스 군인들이 즐겨 쓰는 오락용 카드를 4등분하여 화폐로 사용하는 것이었다. 과연 국민들이 얼마나 믿어줄까, 어떻게 카드가 돈으로 통용될 수 있을까 라며 반대하는 장관들이 많았다. 그러나 총독의 생각은 달랐다. 그는 국민들이 자신을 신뢰할 거라고 확신했다.

총독은 카드 조각마다 직접 서명하고, 정화로 상환하겠다는 약속까지 했다. 총독에 대한 신용이 없다면 종이 조각에 불과한 그림 조각을 누가 받아주겠는가. 그러나 그 조잡한(?) 카드 조각은 무려 65년 동안이나 법정화폐로 통용되었다. 시장의 총독에 대한 신뢰가 카드 조각을 화폐로 바꾼 것이다.

　시장이 신뢰하면 정책당국의 말 한 마디가 온 천지를 뒤흔든다. 미국 FRB(연방준비제도이사회) 의장인 그린스펀(Alan Greenspan)이 선택하는 단어 하나가 세계의 금융시장을 긴장시키지 않는가. 그러나 시장으로부터 신뢰를 잃게 된다면 그때부터는 백약이 무효하다. '콩으로 메주를 쑨다' 해도 시장은 믿어주질 않는다. 정부의 경제정책이 제대로 효과를 나타내려면, 시장의 신뢰가 가장 중요하다. 신뢰가 없는 정책은 소기의 성과를 달성할 수 없고, 오히려 시장에 혼란만 줄 뿐이다.

　부동산정책도 마찬가지다. 그 수많은 엄포와 경고, 투기억제 정책에도 불구하고 '강남불패'의 신화를 꺾지 못하는 원인이 어디에 있는가. 시장의 신뢰를 얻지 못했기 때문 아닌가? 부동산정책이 신뢰를 잃은 사이 서울은 자랑스럽게도 세계에서 임대수익률이 가장 높은 도시로 부상하지 않았는가.

　둘째, 일관성을 갖는 것이다. 일관성은 정부가 경제주체에게 지속적으로 동일한 신호를 보내는 것을 의미한다. 정책의 일관성이 결여되면 아무도 정책이 오래 지속되리라고 믿지 않는다. 결국 국민들은 모든 정부정책을 불신하게 되는 것이다.

　여러 정부부처가 똑같은 목소리를 내는 것도 일관성에 해당된다. 제대로 실시하지도 못할 정책을 미리부터 떠들어대다가 실제로는 용두사미(龍頭蛇尾)로 끝나는 것도 일관성을 떨어뜨리는 것이다. 선거 때만 되면 부상하는 정책, 교묘하게 말만 바꾸는 정책, 내용도 없이 미사여구로 치장된 정책, 부처마다 제각각인 정책, 외국인과 내국인은 구별하는 정책, 상관이 바뀔 때마다 수

시로 바뀌는 정책은 모두 일관성에 흠집을 내는 것이다.

　일관성이 없는 정책은 믿음을 상실하고, 오히려 경제주체를 혼란스럽게 만든다. 이런 관점에서 보면 그 동안 부동산정책은 얼마나 일관성이 있었는가? 경기가 침체되면 경기부양을 위해 맨 먼저 동원된 정책이 바로 부동산정책이었다. 부동산경기를 부양한다고 요란스레 떠들다가도 2~3년 지나 투기과열을 억제하겠다고 나선다면 시장은 어떻게 반응하겠는가. 역시 얼마 동안만 기다리면 되는 것이다. 아무리 양도세가 높아도 얼마 동안 팔지 않으면 그만 아닌가. 선거 때만 되면, 경기가 침체되면, 머지않아 옛날로 되돌아갈 텐데 왜 시장이 움직이겠는가. 일관성의 결여는 여기에만 그치지 않는다. 노동정책에서도, 금융정책에서도 일관성을 상실하면 정책의 효율성은 크게 저하된다.

　일관된 정책으로 노동시장을 안정화시킨 역사적 사례는 미국의 레이건(Ronald Reagan) 대통령과 영국의 대처(Margaret Thatcher) 수상으로부터 찾아볼 수 있다. 1981년 8월 3일, 미국은 사상 초유의 공항 마비사태를 겪었다. 1만 3,000명의 항공관제사들이 파업에 돌입했기 때문이다. 정부와의 오랜 협상이 결렬되자 관제사 노동조합은 파업을 강행하며 세 가지 조건을 요구했다. 1만 달러의 급여인상과 40시간에서 32시간으로의 주당 근무시간 감축, 그리고 퇴직수당 인상이었다. 그러나 항공운항의 안전을 책임져야 할 공공서비스 부문의 파업에 대처하는 레이건 행정부의 태도는 과거와는 달랐다. 48시간 내에 복귀하지 않는 관제사를 무조건 해고하기로 한 것이었다. 게다가 재취업을 금지한다는 초강경 방침도 덧붙였다. 누가 이 조치를 선뜻 받아들이겠는가? 그렇게 많은 관제사를 해고하고, 재취업까지 금지할 수 있겠는가?

초기에 레이건의 조치는 위협적으로 받아들여지지 않았다. 따라서 관제사들의 파업은 계속되었다. 하지만 시간 내에 복귀하지 않은 1만 1,350명의 관제사가 '일관된 정책'의 실시로 해고되었다. 정부는 한시적으로 비행을 통제하고 항공 서비스를 감축했으며 군 인력까지 동원하여 대응했다. 수많은 법적 투쟁이 지속되었지만, 공항으로 되돌아갈 수 없는 관제사들은 결국 직업을 바꿔야만 했다.

영국에서도 1984년 유사한 사태가 벌어졌다. 20개 탄광의 폐쇄와 2만 명의 인력감축을 골자로 한 석탄산업 구조조정 계획에 맞서 세계 최고의 강성 노동조합으로 알려졌던 영국 탄광 노동조합이 총파업에 나섰던 것이다. 당시 마거릿 대처 수상은 타협에 익숙했던 과거 정권과 달리 탄광 노동조합의 파업을 불법으로 규정하고 일관성 있게 대응했다. 그리하여 공급과잉 속에 비효율이 심각했던 정부 소유의 석탄산업을 성공적으로 개혁하고 민영화할 수 있었다. 대처는 "법이 폭도의 논리에 제압될 수 없다"는 명언을 남기고 '고용법'까지 개정했다. 탄광 노동자들은 결국 백기를 들었다.

강성 노동조합과 강한 정부가 부딪치면 균형은 어디로 갈까. 불법파업에 대응하는 정부와 노동조합의 협상도 이 범주에 포함된다. 관제사나 탄광 노동조합이 처음부터 정부의 강경 방침을 '신뢰'할 수 있는 위협으로 받아들였다면, 파업은 오래가지 않았을 것이다. 그러나 과거에 계속된 관행으로 정부의 '말'이

전혀 위협으로 들리지 않았기 때문에 무리한 투쟁을 계속했던 것이다. 정부가 일관된 신호를 보내면, 협상의 질서는 쉽게 균형으로 간다. 그러나 신호가 오락가락하면 교통사고가 나게 마련이다.

셋째, 시장성을 갖는 것이다. 정책의 내용에 시장을 움직이게 하는 요소를 담고 있어야 한다. 시장은 누가 움직이는가? 당연히 경제주체가 움직이게 한다. 따라서 정책의 시장성이란 경제주체의 마음을 움직이는 요소를 말한다. 출퇴근 시간의 버스 전용차선제를 생각해보자. 도로는 한정된 자원이다. 이를 효율적으로 사용하기 위해서는 도로 이용자들을 일사분란하게 통제할 수 있는 정책이 요구된다. 그래서 도입된 '전용차선제'가 잘 지켜지는 이유는 무엇인가? 위반하면 경제적 부담이 되기 때문에 조금 늦더라도 모두가 전용차선을 지킨다. 만약 범칙금이 너무 싸다면 많은 사람들이 위반하게 될 것이다. 이 간단한 사례가 바로 시장지향적인 정책의 표상이다.

부동산정책도 마찬가지다. 여유 돈이 있는 사람들은 세 가지 중 하나를 선택한다. 예금을 들거나, 주식을 사거나, 부동산에 투자한다. 모두가 비용과 수익을 분석해서 투자한다. 무엇이 가장 낮은 위험과 비용으로 최대 수익을 얻을 수 있는가. 한국에서는 역사적 경험의 결과 부동산이 최저의 비용으로 최고의 수익을 창출한다. 따라서 국민들이 부동산에 투자하는 것은 너무 당연하다. 이 흐름이 바람직하지 않다면, 부동산 투자의 비용을 높이고 다른 투자의 수익을 높게 해야 한다. 투자의 비용은 당연히 보유세에 달려 있다. 양도세는 보유의 비용이 아니라 수익의 일부를 환수하는 것이다.

따라서 부동산 투기를 억제하는 정공법은 바로 보유세를 인상하는 것이다. 양도세 인상은 오히려 거래를 위축시키는 역효과를 가져온다. 실제로 우리의 재산세는 선진국의 10분의 1도 안 된다. 보유세 인상으로 투기를 억제할 때에는 1가구 1주택인가, 3주택인가를 구분할 필요도 없다. 보유 부동산의 시가가 얼마 이상일 때 누진세율을 적용하면 서민도 보호할 수 있고 투기도 억제할 수 있기 때문이다. 단기에 보유세를 인상하기 어렵다면 5~10년의 계획을 마련하고, 직접 실행에 옮겨야만 한다. 그 많은 투기억제용 세금을 보유세로 단일화하고 누진구조의 세율을 선진국 수준으로 끌어올리면, 누가 부동산 투기를 하겠는가. 그럼에도 불구하고 지금까지 재산세는 조세저항과 서민보호를 이유로 일관성 있게 현실화되지 못했던 것이다. 이 결과가 누적되어 직장인의 70%가 여유가 있다면 부동산에 투자하겠다는 '현실'을 만든 것이다. 누가 부동산에 투자하는 국민들에게 돌을 던질 수 있겠는가. 그들은 오히려 수익을 극대화하기 위해 합리적인 선택을 했을 따름이다. 이런 행태가 사회적으로 바람직하지 않다면, 당연히 보유비용을 크게 만들어 스스로 부동산을 갖지 않도록 유도해야 하는 것이다.

신뢰성이 없는 정책, 조령모개(朝令暮改)식으로 오락가락하는 정책, 시장을 움직이지 못하고 강압적으로 밀어붙이는 정책, 내용은 빈약하고 형식만 요란한 정책은 성공할 수 없다. 정부정책의 효율성이 떨어지면 어떻게 2만 달러를 기대할 수 있겠는가. 잘못된 신호등 때문에 사고만 빈발할 따름이다.

03

은행나무 11그루

모든 규제에는 항상 좋은 목적과 입법취지가 있게 마련이다. 그러나 시장을 거스르는 규제는 부작용을 유발하고, 본래의 목적도 달성하지 못한다. 일시적으로 바람직한 것처럼 보이지만, 장기적으로 폐해가 많다. 농업과 교육·금융·산업을 육성한다고 많은 규제와 보호가 있었지만, 과연 그 목표 가운데 얼마나 달성되었는가. 오히려 과다한 보호와 규제로 산업경쟁력이 저하되지 않았는가.

자동차 부품을 생산하는 어느 중소기업 사장으로부터 들은 얘기다. 다행스럽게 사업이 잘되어 얼마 전부터 중국과 한국에 공장을 확장하는 프로젝트를 시작했다. 중국에서는 정부가 외국인 투자유치에 너무 적극적이라 모든 일이 일사천리로 진행되었다. 불과 4개월 만에 700평 규모의 공장 확장을 거뜬히 완료했다. 사업허가와 건설공사 등이 거침없이 진행되었기 때문이다. 그러나 경기도에 짓는 700평 규모의 공장은 사정이 딴판이었다. 규모는 비슷했지만, 허가단계에서부터 건축심의와 환경규제에 이르기까지 산 넘어 산이었다. 벌써 6개월이 지났지만, 아직도 조업은 요원하기만 하다. 마지막 단계에서는 '은행나무 11그루' 때문에 구청과 씨름을 하며 시간을 소비하고 있는 실정이다.

웬 은행나무 11그루가 그렇게 말썽을 피우는 것일까? 구청측이 공장을 세우되, 원래 부지에 있던 11그루의 은행나무는 반드시 보전되어야 한다는 단서를 내걸었기 때문이다. 나무를 좋아하는 사장은 어차피 공장의 조경을 위해 더 좋은 나무를 심을 계획인데, 반드시 그 은행나무 11그루만을 보전하라니 답답하기만 했다. 여러 차례 사정해보았지만 막무가내였다. 사장은 아예 모든 공장을 중국에서 시작하지 못한 것을 후회하게 됐다. 과연 그 은행나무 11그루를 그대로 보전하는 것이 그렇게 중요한 것일까? 그런 엄격한 기준이 있어야만 환경이 제대로 보전되는 것일까.

은행나무가 아니더라도 기업 규제에 관한 일화는 헤아릴 수 없다. 교육용 소프트웨어를 개발하여 판매하려면 교육인적자원부, 정보통신부와 과학기술부, 때로는 산업자원부에도 들러야 한다. 수도권이라는 이유로 규제하고, 특정 업종이라는 이유로 또 규제하며, 기업 규모에 따른 규제도 많다. 기업인들은 규제가 너무 많아 투자는 엄두를 못낼 지경이라고 한다. 적절한 이유야 많겠지만 각종 규제와 인허가 조항들로 인해 투자의욕이 말이 아니다. 기업하기 좋은 나라와는 거꾸로 가는 것일까.

미국의 가난한 주인 '앨라배마'는 외국기업을 유치하기 위해 눈물겨운 노력을 기울이는 것으로 유명하다. 지난 1993년에는 자동차회사인 '벤츠'의 생산공장을 유치하면서 무려 2억 5,000만 달러의 인센티브를 줬다. 또 최근에는 자동차부품 생산공장을 유치하기 위해 현대자동차에 부지 무상제공, 도로 건설, 각종 세금혜택 등을 제공해 고압적인 관료관을 갖고 있던 한국 기업인에게 감동을 안겨줬다. 400명을 고용하는 중소기업 하나를 유치하기 위해 무려 420만 달러(약 43억 원)를 지원한다니 얼마나 감동적인가. 만일 앨라배마 주가 '은행나무 11그루'는 무슨 일이 있어도 보전돼야 한다고 주장했다면 세계 유수 기업들의 생산공장은 지금 다른 곳에 지어졌을 것이다.

프랑스의 '조세징수원'

왜 산업혁명은 프랑스보다 영국에서 먼저 일어났을까? 많은 이론과 가설이 있겠지만, 아이로니컬하게도 유명한 경제사학자인 크라프츠(N. F. R. Crafts)는 그것은 단지 '우연히' 나타난 현상이라고 설명했다. 기술력이나 학문 등 다른 제반 조건이 서로 비슷하기 때문에 특별한 이유로 설명하기는 어렵다는 것이다.

그러나 최근 『부의 탄생(The Birth of Plenty)』의 저자 윌리엄 번스타인(William Bernstein)은 영국의 앞선 발전이 결코 우연이 아니었다고 설명한다. 프랑스의 '불완전한 재산권' 제도가 산업혁명 시대에 1등 국가로 비약하는 길을 가로막았다는 것이다. 무엇이 불완전한 재산권의 상징인가? 17세기 초 프랑스의 부모들은 자식이 '조세징수원'이 되기를 열망했다. 앙리 4세 시기부터 신흥부자들은 오늘날 전문직업인들이 자녀를 아이비리그 대학교에 보내려고 열망하는 것과 똑같이, 자녀들을 관료나 징세업자로 키우려고 했다는 것이다.

당시 프랑스 세입의 주된 원천은 타이유(taille), 즉 토지와 건물에 대한 세금이었다. 귀족과 성직자들은 과세로부터 면제되었고, 세금은 농민과 소규모 사업자들에게만 부과되었다. 당연히 귀족이 되거나 성직을 취득하는 것은 물질적으로 큰 이득이 되었다. 그러나 엄격한 신분제 하에서 귀족으로 편입되기는 쉽지 않았다. 결국 심한 조세부담 때문에 농민들은 토지를 매각하기 시작했고, 이 토지들은 귀족 지주들에게 축적되어갔다.

지주들은 중앙정부의 보호 아래 관리인을 파견해 이전까지 그 토지를 소유하고 있던 농민과 그 자손들로부터 장원세(seigneurial)와 물납소작료(sans merci)를 거두어들였다. 세금을 화폐로 납부하는 것이 '금납소작료'이고 토지에서 나오는 곡물 등으로 납부하는 것이 물납소작료이니 지주들의 횡포가 어느 정도였는지 알 수 있다.

루이 14세가 죽었을 때, 프랑스는 거의 봉건제적인 상태로 후퇴했고 왕은 광범위한 영역에서 복잡한 세금을 거두어들이기가 어려워지자 정부를 대신하여 세금을 징수하고 그 중의 일부를 수수료로 챙기는 민간 사업자인 '조세징수원' 제도를 도입했다. 프랑스의 재정을 민간 조세징수원에게 의존하는 형태로 바꾼 것이다. 조세징수원의 재량권은 충분히 상상할 수 있다. 이 제도는 서서히 그러나 본격적으로 프랑스의 경제에 거추장스럽고 부담이 되었고, 결국은 파괴적인 영향을 미쳤다.

그 당시 네덜란드와 영국에서는 자손들이 상인이 되거나 제조업과 금융업을 확장하여 성공하기를 바랐지만, 프랑스에서는 자식들이 조세징수원이 되길 원했다니 어떤 결과를 가져왔겠는가. 정부의 잘못된 재산권 제도가 경제에 어떤 영향을 미치고, 누구에게 피해를 주었는지는 쉽게 짐작할 수 있다.

정부의 잘못된 규제로 인한 피해는 산업혁명의 선두주자였던 영국에서도 발견할 수 있다. 최첨단의 기계가 영국에서 먼저 개발되어 세계 각국으로 전파된 사례가 많다. 그 가운데 하나가 자동차. 그러나 영국의 자동차산업은 크게 융성하지 못하고, 오히려 유럽에서는 독일 등에서 먼저 발달했다. 여러 원인이 있었겠지만 대표적인 요인은 '잘못된 규제' 때문이라고 지적한다.

잘못된 규제는 바로 1865년 선포된 '붉은 깃발 법(Red Flag Act)'이다. 자동차의 등장으로 피해를 본 마차를 보호하기 위해 빅토리아 여왕이 성은(聖恩)을 내린 것이다. 기발한(?) 아이디어로 가득한 이 법안의 주요 내용은 이러하다.

(1) 1대의 자동차에는 세 사람의 운전수가 필요하고, 그 중 한 사람은 붉은 깃발(낮)이나 붉은 등(밤)을 갖고 55m 앞을 마차로 달리면서 자동차를 선도해야 한다.

(2) 최고 속도는 6.4km/h, 시가지에서는 3.2km/h로 제한한다.

(3) 밤에는 촛불이나 가스불을 달고 운행해야 한다.

(4) 시 경계를 지날 때는 도로세를 내야 한다.

시속 30km 이상으로 달릴 수 있는 자동차를 6.4km로 규제하면, 누가 영국 땅에서 자동차를 타고, 좋은 자동차를 개발하겠는가. 이 법은 1896년에 폐지되었다. 그러나 영국에서는 달리지 못하던 자동차가 이미 프랑스와 독일에서 대량생산체제를 갖추며 대단한 인기를 누리고 있었다. 사양산업인 마차를 보호하기 위한 규제가 결국은 마차와 자동차를 모두 잃게 한 셈이다.

미국이 유럽보다 높은 성장을 이룩하고 있는 것도 규제의 차이로 설명될 수 있다. 제조업은 산업혁명이 앞섰던 유럽에서 먼저 시작되었지만 미국에서 화려하게 피어난 경우가 더 많다. 최근의 경제상황에서도 미국과 유럽은 큰 격차를 보이고 있다. 미국은 1990년대 높은 성장률과 5% 내외의 낮은 실업률을 유지했지만, 유럽은 대부분 낮은 성장률과 두 자리 수의 실업률로 고전해왔다. 무엇이 이런 차이를 만들어내는 것일까?

최근 10대 선진국을 비교분석한 OECD(경제협력개발기구)에 따르면 유럽의 생산성이 미국보다 낮은 원인으로는 '노동시장의 경직성'과 '산업규제' 때문인 것으로 조사됐다. OECD는 1987~1997년 동안의 기업자료를 분석하여 산업규제가 생산성에 어떤 영향을 미치는가를 다시 한번 확인시켜 주었다. 즉, 노동생산성의 향상이 기존 기업보다는 신규 기업의 진입에 의해서 이루어지고, 신규 진입에 대한 규제가 많은 나라일수록 첨단산업의 발전이 더 지체된다는 것이다. 또한 노동시장의 보호와 생산물 시장에 대한 규제가 신규 진입을 저해하는 가장 큰 요인으로 지적되었다. 이런 이유로 미국의 생산성이 유럽보다 더 높을 수밖에 없다는 것이다.

실제로 새로운 기업을 창업하는 데 미국에서는 불과 7일밖에 걸리지 않지만, 프랑스에서는 66일, 독일에서는 90일이나 걸린다고 한다. 창업 후 2년밖에 살아남지 못하는 기업의 비율은 10개국 모두 35% 내외로 비슷했지만, 생존 기업의 고용확대는 국가별로 큰 차이가 났다. 즉, 미국에서는 신규 기업의 진입으로

2년 내 평균 2배 가량의 고용확대가 이뤄졌지만 유럽에서는 신규 기업으로 인해 10~20% 정도의 고용증대가 있었을 뿐이다. 이것 역시 미국의 적은 기업규제와 노동시장의 유연성으로 설명된다.

OECD의 분석에 따르면, 미국의 높은 생산성은 첫째, 시장에 손쉽게 진입하는 신규 기업들의 자유로운 경쟁과 둘째, 노동시장의 유연성에 기인한 고용확대를 통해 더욱 확고히 유지되고 있음을 보여주고 있다. 이것은 고용보호를 위해 미국보다 훨씬 더 경직적인 노동시장을 갖고 있는 유럽의 실업률이 왜 두 자리 수이고, 노동의 유연성이 극대화된 미국은 왜 한 자리 수인가를 역시 쉽게 설명해주고 있다. 진입 장벽의 철폐가 생산성 향상의 지름길이라는 새로운 가설도 실증적으로 증명된 셈이다.

'해고의 자유'가 없는 시장에서는 신규 고용의 창출이 부진하다. 노동시장이 경직적이면 필요한 인력보다 적게 고용하는 경향이 나타난다. 근로자를 보호하기 위하여 만든 규제가 결국 높은 실업률을 가져오는 아이러니가 나타나는 것이다.

우리는 과연 어떠한가? 아직도 여러 부문에서 '조세징수원'과 '붉은 깃발 법'으로 인한 규제의 폐해가 심각하다. 규제와 보호가 많았던 산업이 발전한 사례를 찾아볼 수 있는가. 창업기간이 7일에 불과한 나라와 어떻게 경쟁할 수 있겠는가. 정부의 노파심 많은 규제가 기업환경을 더욱더 악화시킨다면, 한국의 경쟁력은 어디서 찾을 수 있겠는가.

그 동안 수없이 많은 규제 완화가 논의되어 왔지만, 아직도 우리 산업은 규제의 틀에서 자유롭지 못하다. 노동시장의 유연성은 차치하고라도 생산적인 기업활동에도 여러 제약이 많으며 곳곳에 진입 규제가 의연하게 살아 있다. 규제 완화 정책은 허가사항을 신고와 등록사항으로 바꿀 뿐 여전히 정부의 손에서 벗어나지 못하고 있다. 글로벌 경쟁력을 갖추려면 정부의 기업 규제 역시도 글로벌화되어야 한다. 경제특구를 만들어 외국인에게만 혜택을 주지 말고, 차제에 전국을 아예 규제 자유지역으로 바꾸어야 한다. 그래야 역차별 논란도 사라지고 우리 산업의 경쟁력도 향상시킬 수 있다.

규제의 부작용에도 불구하고, 반(反)시장적 규제가 오래 지속되는 이유는 역시 규제의 성은(聖恩)을 즐기는 계층이 많기 때문이다. 일부에서는 기업은 반드시 규제를 해야만 된다는 잘못된 신념을 갖고 있는 경우도 많다. 물론 규제가 필요한 경우가 전혀 없는 것은 아니다. 규제는 시장에서 해결하기 어려운 분야에 극히 제한적인 경우에만 적용하는 것이 좋다. 어떤 규제라도 한 번 도입되면 그 제도는 쉽게 사라지지 않는다. '붉은 깃발 법'도 마찬가지다. 자동차를 멀리하려는 '마차(馬車)족' 때문에 한 번 등장한 '붉은 깃발'은 쉽게 사라지지 않는다. 그런 마차족 때문에 선진국에서는 일정기간이 지나면 규제의 효력이 자동적으로 상실되는 일몰법(日沒法)을 적용하기도 한다.

다시 생각해보자. 우리도 인력거(人力車) 타고 '붉은 깃발'을 휘두르며 산업을 규제하고 있지는 않는가. 이런 환경에서 어떻게 우리 기업을 붙들어두고, 외국기업을 유치할 수 있을 것인가.

04

시장과 정부,
경제를 움직이는 두 바퀴

2003년 러시아의 푸틴(Putin) 정부는 북 시베리아의 동토(凍土) 툰드라 지역에서 유전을 개발하고 있는 러시아 최대의 정유회사인 유코스에 아주 특별한 행정지시를 내렸다. "주변 환경의 보전을 위해 영하 50도의 동토를 녹지로 만들라"는 것이다. 연중 8개월 이상이 영하 50도의 혹한이며 모든 게 얼어붙는 툰드라 지역에 자연녹지를 조성하라니······

언론보도에 따르면 이 지시를 받은 기업은 처음에는 가벼운 농담으로 여겼다고 한다. 어떻게 얼음 위에 녹지를 조성하란 말인가. 그러나 두 번째 독촉 공문을 받고서야 그것이 '장난'이 아니라는 사실을 인지하기 시작했다. 만약 2004년 2월까지도 녹지조성을 하지 못하면 엄청난 벌금을 부과하겠다는 추가지시가 나왔기 때문이다. 당시 러시아 언론은 "이 지시를 내린 정부 관리는 정신병자"라고 혹평했다. 일부에서는 총선에서 야당에 정치자금을 제공한 대가로 기업이 탄압을 받는다는 분석도 내놓았다. 그러나 유코스의 사장은 결국 다른 사유로 전격 구속되었고, 2004년 말 회사의 지분은 러시아 국영석유회사로 넘어가는 비운을 겪게 됐다.

사정이야 어찌되었든 이 추상 같은 행정지시의 결과는 어떻게 시장에 반영될까? 한국적 상황에서 이런 일이 벌어졌다면, 어떻게 해결되었을까? 이런 지시에 기업은 여러 행태로 반응한다. 우선 정부의 규제를 따르는 것이다. 정부 검사를 받기 직전에 나무야 얼든 말든 '적당히' 문서의 내용을 충족시키려 할 것이다. 아니면 정부와 싸우거나 로비를 통해 이 명령을 바꾸려고 할 것이다. 만약 그렇게라도 성공을 못한다면, 엄청난 벌과금을 부담할 것이다. 아니면, 사업을 포기하고 다른 곳으로 떠나버리지 않을까?

그러나 중요한 것은 어떤 결과가 발생해도 당초 목표를 실현시킬 수 없다는 사실이다. 명령을 따르더라도 자연녹지가 장기적으로 보전되지 못할 것이고, 벌과금이 부담스러워 사업을 중도에 포기해도 녹지조성의 목적은 달성할 수 없을 것이기 때문이다. 정부의 지시와 명령은 일견 강력하고, 모든 정책목표를 실현시킬 수 있을 것처럼 보인다. 하지만 결과는 결코 그렇지 않다. 어떤 경우에도 녹지보전이 어렵지 않은가. 정책이 순리와 역행하기 때문에, 비록 일시적으로 목적을 달성하는 것처럼 보여도 실제로는 그렇지 않은 것이다.

이런 사례는 러시아에서만 나타나는 것은 아니다. 1777년 겨울은 조지 워싱턴(George Washington)에게 너무나 혹독했다. 당시 워싱턴은 미국 독립혁명군의 총사령관으로서 펜실베이니아주 벨리 포지(Valley Forge)에서 힘겨운 전투를 치르고 있었다. 그의 적은 영국군과 독일의 헤시안(Hessian) 용병만이 아니었다. 살을 에는 추위에다 극심한 식량부족으로 그의 군대는 거의 아사(餓死)상태에 빠져 있었던 것이나. 이런 상태에서 어떻게 전쟁의 승리를 기대할 수 있었겠는가?

아이로니컬하게도 그의 군대를 이렇게 처참하게 무력화시킨 또 다른 적은 전혀 엉뚱한 곳에 있었다. 그것은 바로 아군을 위해 제정한 '가격통제법'이었다. 현지에 주둔해 있는 워싱턴의 주력부대를 돕기 위해 펜실베이니아 주는 당시 식량을 포함한 군수물자의 가격을 통제하는 법을 제정했다. 입법 의도는 누가 봐도 당연한 것이었다. 식량과 의류가격을 통제하여 군비부담을 줄이고, 충분한 물자를 공급하여 전투력을 향상시킨다는 것이었다. 그러나 결과는 전혀 반대로 나타났다. 물자와 수입재의 가격은 폭등했고, 정부의 고시가격에 불만을 가진 농부들은 식량을 시장에 내놓지 않았다. 일부에서는 오히려 적군인 영국군에게 더 비싼 값으로 팔아버렸다. 이런 상황에서 군인들이 어떻게 아사를 면할 수 있었겠는가?

미국독립의 역사 속에 나오지 않는 공포의 적이 바로 '가격통제법'이었다. 벨리 포지의 전투는 참패로 끝이 났다. 드디어 1778년 6월, 13개 주가 연합한 대륙회의는 워싱턴의 참패를 교훈삼아 "재화에 대한 가격통제는 유효하지 않을 뿐만 아니라, 공공 서비스를 극도로 악화시키므로 다른 주에서도 유사한 법령을 제정하지 말 것"을 결의했다. 그러나 한 번의 실험이 얼마나 엄청난 비극을 가져왔는가?

한국의 경험은 어떠했는가? 2004년 초 한국경제연구원은 '한국 경제의 10대 불가사의'를 지적하며 대부분의 개혁정책이 성공하지 못했다고 지적했다. 예를 들어, 1980년대 중반 이후 경제민주화와 균형성장, 분배정의 구현이라는 기치 아래 추진된 많은 정책들은 뜻은 좋았지만, 좋은 결과를 가져오지는 못했다는 것이다. 왜, 그러했을까? 해답은 여러 가지가 나올 수 있다. 그러나 가장 중요한 것은 역시 '시장보다 강한 정부' 때문이다.

시장과 정부는 경제라는 수레를 움직이는 두 바퀴와 같다. 때로는 서로 맞물려 수레를 잘 굴러가게 하지만, 서로 갈등을 빚으며 좌충우돌하고 엉뚱한 결과를 가져오기도 한다. 그 이유는 대부분의 정책당국자들이 정부가 시장을 움직일 수 있다고 믿기 때문이다.

그러나 실제로는 전혀 그렇지 않다. 시장의 흐름과 상충되는 정책은 비록 일시적 효과가 있을지 몰라도 결과적으로는 시장의 흐름이 정부보다 더 강력하게 작용한다. 시장친화적이지 않은 정책이 성공을 거두기는 힘들다. 정부의 '보이는 손'은 만병통치약이 아니다. 오히려 거의 모든 문제는 시장에서 해결되고, 정부의 역할은 제한적이다. 시장에서 해결되어야 할 일에 정부가 개입하면, 시장은 엉뚱하게 반응한다. 모든 국민이 애국자라면, 벨리 포지의 전장(戰場)에서 왜 식량을 아군에게 공급하지 않겠는가. 아무리 가격이 낮아도, 무료로라도 제공하지 않겠는가?

경제현상은 반드시 윤리나 규범으로만 움직이는 것은 아니다. 경제주체들은 정부의 강력한 정책보다는 자신의 이해를 대변하는 '인센티브'에 따라 움직이는 속성을 보인다. 엄격한 법령에 대해서도 시장은 입법의도와 다르게 움직일 수 있다. 그래서 왜곡된 결과를 가져온다. 때로는 왜곡의 정도가 지나쳐 회복할 수 없는 부작용을 가져오기도 한다. 그렇기 때문에 정부의 개입은 항상 제한적으로 이루어져야 한다.

그렇다면 어떤 경우에 '보이는 손'이 약(藥)손이 될 수 있는가. 시장이 실패하는 경우에만 제한적으로 개입하라는 것이다. 예를 들면, 시장이 누구 한 사람의 손에서 놀아나는 경우에는 약손이 필요하다. 바로 독점기업이 시장지배력을 행사하는 것과 같은 상황에서다. 도로와 항만, 공항, 공원 등 공공재를 공급할 때에도 정부가 필요하다. 시장에 맡기면 수익성이 낮아서 아무도 시설을 확충하지 않기 때문이다.

환경문제와 같이 제3자에게 엉뚱한 영향을 미치는 경우에도 정부의 개입이 필요하다. 화학공장에서 배출하는 오염물질이 환경을 오염시켜 주변 사람들에게 영향을 주는 경우가 대표적이다. 이 경우는 시장의 공급자와 수요자와는 관계없이 많은 사람에게 피해를 주기 때문에, 정부가 무엇인가 역할을 해야 한다. 이런 경우 외에는 정부가 시장보다 비효율적이다.

고용사정이 어려워지면 정부는 일자리 창출을 위한 정책수단을 많이 도입한다. 몇 가지 사례를 들어 정책이 과연 시장을 얼마나 움직일 수 있을까를 생각해보자. 일회성 고용비 지원은 당연히 큰 효과를 거두기 어렵다. 기왕에 필요한 인력을 고용하면서 지원비를 받는 기업은 있을 수 있지만 지원비를 받기 위해 고용하는 기업은 찾기 어려울 것이다. 한 번 지원받기 위해 고용하는 기업이 어디 있겠는가.

60세까지 고용을 보장해준다는 법안은 어떠한가? 그런 법은 실제로 지켜지기 어렵다. 만약 60세까지 고용해야 하는 의무조항이 붙는다면, 누가 신규 채용을 늘리려 하겠는가. 100명이 필요하다면 오히려 80명만 채용할 것이다. 경기는 부침이 심한데 어떻게 정년보장이 되는 사람을 쉽게 채용하겠는가. 일시적인 계약직만 크게 늘어날 것이다. 노동시장에 대한 규제가 많아질수록 기업은 오히려 정규채용을 줄여나간다. 주어진 제도하에서 자신에게 이익이 되는 방향으로 움직이기 때문이다. 이런 시장의 흐름은 소비자도, 근로자도, 기업가에게도 모두 마찬가지다. 어떤 조건에서도 자신의 이익을 좇아 움직이기 때문이다.

일자리 창출효과가 가장 큰 정책은 역시 경기를 회복시키는 것이다. 기업가의 마음을 움직일 수 있도록 투자활성화를 가로막는 각종 규제를 완화해야 하지 않겠는가. 환율이나 부동산정책에서도 마찬가지다. 경제는 결코 법, 명령이나 지시로 움직이지 않는다. 경제는 시장의 흐름에 따라 움직인다. 따라서 정책도 시장 흐름을 반영해야만 소기의 목적을 달성할 수 있다. 정부의 힘을 과신하고 너무 많은 약을 쓰면 항상 부작용을 유발한다. 때로는 그 약화(藥禍)가 전쟁의 참패를 가져올 수도 있고, 경제를 피폐화시킬 수도 있다.

경제가 선진화되려면 정부가 시장보다 강하다는 잘못된 믿음에서 해방되어야 한다. 정부가 강하다고 믿고 싶을 때마다, 벨리 포지의 교훈이나 사회주의의 경험을 되새겨야 한다.

05

사람에게서 비롯되는 효율성

아날로그 정신으로 움직이는 디지털 설비

해외여행을 마치고 인천공항에 돌아올 때면 뿌듯함을 느낀다. 인천공항이 마치 동북아시아 중심 국가의 상징처럼 느껴지기 때문이다. 나리타 공항에 내리면 김포공항의 번잡함이 생각나고, 오사카의 간사이 공항에 가도 인천공항과 비길 바가 아니다. 싱가포르와 홍콩은 물론이고, 세계 어디에 내놓아도 인천공항은 한국의 대표적인 걸작품이다. 건설할 당시에는 말도 많았지만, 한국의 수준이 이 정도만 된다면 부러울 게 없을 것 같다. 때로는 한국의 수준을 벗어난 느낌이 들 정도로 인천공항은 웅장하다. 긴 역사적 관점에서 동북아시아의 중심으로 발돋움하는 대역사가 이 공항에서 시작될 것으로 전망한다면, 크게 틀리지 않을 것이리라.

그러나 이런 초현대식 시설도 한두 사람의 '마음과 정신'에 따라 얼마나 전근대적으로 운용될 수 있는가를 실감한 적이 있다. 미국에서 오는 교수를 배웅 나갔을 때의 일이다. 거리가 너무 먼지라, 출발하기 전 공항의 홈페이지에서 도착시각을 확인해보았다. 예정대로 저녁 7시 25분에 착륙한다고 표시되어 있었다. 저녁식사도 거른 채 허겁지겁 공항으로 달려갔다. 그러나 8시가 넘어도 비행기는 도착하지 않고, 공항의 안내 모니터에도 아무런 표시가 나타나지 않았다. 시간이 늦는다면 안내방송이라도 나올 텐데…… 갑자기 무슨 변고가 생긴 것일까? 불안한 마음이 엄습해왔다. 물론 궁금한 사람은 나뿐만이 아니었다. '공항안내'로 찾아가 봤지만, 그곳에서는 어이없게도 아무런 정보가 없으니 해당 항공사에 직접 문의하라는 말뿐이었다.

10여 명이 참다 못해 위층의 항공사 사무실로 달려갔다. 그러나 대답은 너무나 의외였다. 출발지에서부터 3시간 연발해서 아예 10시 40분이나 도착할 것이라고 한다. 그렇다면 그 좋은 시설, 그 어디에도 왜 아무런 표시를 해놓지 않은 것인가. 많은 사람들이 목소리를 높였지만 그 외국 항공사의 직원은 의외로 담담했다. 이미 그날 오전부터 공항에 통보를 했고, 게다가 공항의 승인을 받아야만 비행시간 변경도 가능하다는 것이다. 일행은 그날 공항에 통보한 문서도 확인했다. 투덜거리는 외국인들 틈에서 나는 한없이 부끄럽기만 했다. 역시 이것이 한국의 수준이구나!

어찌 이런 일이 인천공항뿐이겠는가. 차라리 1년에 한 번 정도 생기는 일이라고 치부하고 싶다. 아무리 좋은 컴퓨터라도 주인을 잘못 만나면 몇 년 동안 책상 앞에 진열만 되어 있지 않은가. 공항 서비스도 결코 예외에 속하지 않는다.

그러나 우리 사회의 구석구석에서 이런 비효율이 나타난다면 경제는 어떻게 되겠는가? 경제는 최소의 비용으로 최대의 효과를 내는 것이라고 가르친다. 무엇이 비용이고, 무엇이 최대의 효과인가? 임청난 설비투자에도 불구하고 그것을 움직이는 사람의 '마음과 정신'이 흐트러져 있다면 어떻게 최대의 효과를 가져올 수 있겠는가. 디지털 설비를 아날로그 시대의 정신으로 움직이면 비효율이 나타날 수밖에 없다.

경제에서는 비용과 성과의 관계를 생산성이나 효율성의 개념으로 파악한다. 어떤 기업이 정보화 투자를 아무리 많이 해도 그날의 공항 서비스처럼 움직인다면, 어떻게 효율성이 높아질 수 있겠는가? 기업뿐만이 아니다. 학교도, 나라도, 어떤 조직도 투자효과가 제대로 나타나려면 역시 사람의 능력과 자질과 마음가짐이 절대적으로 중요하다. 한 사람이 얼마나 큰 성과를 나타내는가가 중요한 것이다.

좀더 전문적인 용어로는 이것이 바로 '노동의 생산성'이다. 노동의 생산성은 한 사람이 얼마나 좋은 장비를 사용하느냐도 중요하지만, 사람 자체의 능력과 자질도 중요하다. 교육이 경제에서 중시되는 이유가 바로 여기에 있다. 생산성이 낮으면 고비용·저효율 구조가 정착되고, 기업은 경쟁력을 잃게 되며, 사회 전체적으로도 큰 부담이 된다. 그런데 우리나라에서 이런 고비용·저효율 경제구조가 고착되고 있다면 어떻게 경제가 발전할 수 있겠는가?

한국의 노동생산성, OECD 국가 중 밑에서 두 번째

우리나라 생산성의 절대적인 크기를 비교하면 부끄러울 정도로 낮다. OECD의 '2003년 각국의 산업기술 평가' 조사결과에 따르면, 2002년 한국의 노동투입량은 미국의 111%나 되지만, 노동생산성은 겨우 37%밖에 안 된다. 생산성이 OECD 25개국 중 멕시코 다음으로 가장 낮다. 충격적인 것은 수년 전부터 시장경제로 이행하고 있는 체코(미국의 41%), 헝가리(51%), 슬로바키아(39%)보다 오히려 더 낮다는 것이다. 문제는 제조업보다도 서비스 부문이 훨씬 더 심각하다. 어떻게 이런 결과가 나올 수 있을까?

임금과 노동생산성의 증가율을 비교해도 무언가 심상치 않다. 지난 1999년부터 2002년까지 국내 제조업체의 노동생산성과 임금의 관계를 비교한 산업자원부의 결과를 보면, 임금 상승률이 생산성 상승률의 두 배에 달하는 것으로 나타났다. 조사기간 4년 동안 국내 제조업체의 노동생산성 증가율은 연평균 5.5%인 반면, 시간당 임금(명목) 상승률은 10.4%에 달했다.

또 다른 자료를 보면 상황은 더욱 암울하다. 2005년 3월 KDI(한국개발연구원)가 발표한 '한국의 산업 경쟁력 종합 연구'를 보면 지난 2000년 미국의 노동생산성을 100으로 보았을 때, 우리의 수치는 불과 34.8(제조업 44.0)에 불과한 것으로 나타났다. 일본 제조업 노동생산성 수치 105.2와도 현격한 격차를 보인 것이다. 이것만 봐도 우리 경제의 어려움을 금방 알 수 있을 것 같다. 어떻게 생산성을 올릴 수 있을까?

경제가 성장의 동력을 찾으려면 무엇보다도 먼저 생산성을 높여야만 한다. 물론 노동의 생산성만을 높이자는 것이 아니다. 정치와 행정, 사회 전반에 걸쳐 새로운 효율성 제고운동을 벌여야 할 판이다. 연말만 되면 남은 예산을 처리하기 위해 도로를 파헤치는 구청, 퇴근시간을 다시 찍기 위해 청사로 두 번 퇴근하러 오는 공직자, FTA(자유무역협정) 비준을 놓고 몇 년을

끄는 정치권, 스크린 쿼터와 투자협정을 제대로 처리하지 못하는 정부…… 나라 구석구석이 온통 '고비용·저효율'로 가득 차 있다. 좀더 글로벌 감각을 갖고 세계적인 관점에서 평가한다면, 최근 우리처럼 갈등과 소요가 많은 나라를 찾아보기 힘들 것이다. 이런 와중에 어떻게 경제의 효율성을 찾을 수 있겠는가. 과연 누가 우리처럼 효율성이 낮은 나라에 투자하겠는가?

경제발전은 흔히 몇 단계의 과정을 거친다. 저개발 상태에서는 자연자원에서 경쟁력을 찾는다. 북한이 '신덕샘물'을 수출하고, 우리가 1960년대에 쌀이나 면화를 수출하던 사례와 비슷하다. 이 단계에서 조금 벗어나면, 노동력이 많이 투입되는 산업에서 국가의 경쟁력을 찾는다. 우리가 1970년대에 가발과 섬유 등 노동집약적 제품을 수출하던 시절이 바로 이 단계에 해당된다.

이런 과정을 거쳐 자본이 축적되면, 이제는 자본집약적인 제품으로 활력을 찾아야 한다. 자동차, 철강, 반도체 등이 바로 여기에 해당된다. 1980년대 중반 이후 우리 경제도 이 단계에 접어들었다. 자본의 시대 다음에는 정보와 기술, 지식이 중심이 되는 경제가 형성되어야 한다. 최근 우리 경제가 추구하는 목표다. 이것은 모두 사람이 중심이 되는 단계이다. 한 사람의 경쟁력, 한 사람의 효율성, 한 사람의 창의성이 성과를 결정하는 단계인 것이다.

경제발전의 마지막 단계는 무엇일까? 시스템이 경쟁력의 원천이 되는 시대가 도래한다. 하드웨어와 소프트웨어, 자본과 노동력, 기술과 정보가 모두 한 시스템을 형성하고, 그 시스템이 효율적으로 운용되어야만 다음 단계의 선진화가 가능한 것이다. 이 모든 과정에서 가장 관건이 되는 핵심역량은 역시 시스템을 움직이는 사람의 효율성을 높이는 것이다. 근로자는 물론이고 정치인, 관료, 기업인 등 우리 사회의 모든 시스템이 저비용·고효율로 전환되어야만 경제도 제대로 굴러가게 된다. 이제는 경제뿐만이 아니다. 시스템을 구성하고 있는 모든 부문에서 효율성이 높아져야만 한다. 번드르르한 시설투자만으로도 해결할 수 없다. 경제는 차치하고 선거에만 관심을 쏟는 정치로 어떻게 효율성이 높아지겠는가.

시스템의 효율성은 경제의 선진화를 달성하기 위한 최소한의 필요조건이다. 하루 빨리 정치적 리더십을 회복하고 시스템의 효율성을 높여야 한다. 정치와 행정이 동북아시아 중심경제로 발돋움할 수 있는 인프라를 깔아주어야 한다. 능력과 자질을 갖춘 전문인력을 배출하는 교육제도도 시급히 정착시켜야 한다. 그리고 모든 산업현장에서 사람의 '마음과 정신'이 활기차게 움직여야만 선진국으로 도약할 수 있다.

06

부패가 적은 선진국들의 공통점

자본주의는 왜 서구에서 더 성공적인가?

지배계층의 부패가 심각했던 역사적 사례를 찾는다면, 단연 1780년대의 프랑스를 빼놓을 수 없다. 세습되는 신분마저 쉽게 바꿀 수 있었던 것은 물론이고, 정부의 관직은 대부분 매매의 대상이었다고 한다. 그 중에서도 법관직은 시장에서 가장 인기가 높았다니, 다른 부문은 오죽했겠는가. 이런 세태를 반영하여 당시 법관의 취임선서문에는 "나는 법관이 되기 위해 불법적인 돈을 쓰지 않았다"는 내용까지 들어 있었다고 한다. 따라서 어느 역사가는 당시의 모든 법관이 위증죄로부터 업무를 시작했다고 증언하고 있다.

이러한 프랑스의 앙시앵 레짐(Ancien Regime : 구체제)은 1789년 시민혁명으로 막을 내렸다. 그러나 200년 이상이 지난 오늘, 한국의 국회의원 선서에 동일한 문구를 넣는다면 위증죄로부터 자유로운 정치인이 과연 몇 명이나 될까? 문제는 거기서 그치지 않는다. 최고 통치권자인 대통령 선거에 이르기까지, 기업이 정치인에게 보험을 들어야만 하는 한국의 세태를 후세의 역사가는 어떻게 평가하겠는가.

정치인들의 변명은 수십 년 동안 변함이 없다. 한국의 상황과 정치제도로는 어쩔 수 없다는 얘기뿐이다. 자신들이 스스로 고쳐야 할 법과 제도는 외면하고, 불법을 서슴지 않는 행태를 수십 년 동안 반복하고 있는 것이다. 입법기관이 과연 이래도 되는 것일까? 경제의 선진화를 위해서는 무언가 달라져야 하지 않겠는가.

자본주의는 왜 서구에서만 성공하는 것일까? 시장경제가 수많은 개도국에서 혼미를 거듭하고 있지만, 미국과 유럽에서는 가장 화려한 모습으로 피어나고 있다. 자본의 속성은 유사할 텐데, 왜 이런 불가사의가 나타나는 것일까? 『타임(Time)』이 선정한 20세기 남미 최고의 경제학자 에르난도 데 소토(Hernando de Soto)는 '자본의 미스터리'를 법과 제도의 합리성으로 설명한다. 이것은 NBER(미국 경제연구소)의 연구결과와도 일치한다. 시장경제의 장기적 발전을 가늠하는 핵심은 바로 명확한 '사유재산권의 확립'과 '합리적인 정치제도의 운용'에 있다는 것이다.

미국과 유럽에서도 서부개척과 산업혁명, 세계대전을 겪으며 정치적 부패, 사회적 혼란, 노사갈등과 같은 격동적인 변화를 겪었다. 그러나 서구의 성공은 혼란의 고비마다 입법기관이 합리적인 법 제도를 정립해왔기 때문에 가능했다는 분석이다. 지역구의 표심(票心)이나 계층간 이해관계를 뛰어넘는 법 제도의 합리성이 시장경제를 꽃피우게 만들었다는 것이다.

굳이 입법기관의 중요성을 서구의 사례에서 찾아볼 필요도 없다. 우리의 경우는 어떠한가. 한국의 정치인들은 여전히 가장 비효율적인 집단으로, 경제에 도움을 주기는커녕 기업인까지 오염시키는 부패의 타성에서 벗어나지 못하고 있다. 과연 한국은 부패의 수렁에서 탈출할 수 없는 나라인가. 경제가 아무리 발전해도 기업인은 어쩔 수 없이 정치인에게 보험금(?)을 납부해야만 하는 것인가. 이런 구조적 부패를 막으려면 정치제도는 물론이고 경제법규가 어떻게 개혁되어야 하며, 경제적 관점에서 어떤 조건이 필요한 것인가. 한국 땅에 시장경제가 바르게 피어나기 위해서는, 반드시 정치가 제 역할을 해야만 한다.

우선 세계에서 부패지수가 가장 낮다는 핀란드를 생각해보자. 핀란드 의회가 내놓은 자료를 보면 몇 가지 흥미로운 사실을 쉽게 발견할 수 있다. 핀란드의 부패지수가 낮은 가장 중요한 요인은 '법률의 기초가 되는 평등과 객관성, 균형성과 합목적성 등의 원칙이 잘 지켜지기 때문'이라고 한다. 세계화 지수가 높아 행정의 효율성이 높아졌으며, 공무원에게 신분과 적절한 임금을 보장해주는 등 사회 전반의 투명성을 제고해온 결과라는 해석도 부연돼 있다.

아시아에서는 공무원의 부패지수가 싱가포르에서 가장 낮게 나온다. 그 원인은 핀란드와 유사하다. 민간기업을 웃도는 수준의 보상체계와 철저한 책임에 바탕을 둔 인사제도가 국가투명성 제고의 1등 공신이라는 지적이다. 세계 어디서나 위계질서가 엄격하고, 자신의 책임과 성과보다는 '사람의 손'에 의해 인사제도가 운용되는 곳에는 부패가 만연한다. 후진국에서 부패가 만연한 것도 인사가 철저한 책임과 성과 보상체계에 의해서 운용되는 것이 아니라, 대부분 권력을 가진 '집권자의 손'에 의해 좌지우지되기 때문이다.

부패가 적은 선진국 기업은 규제도 적게 받는다

경제발전과 권력층의 부패는 어떤 관계에 있을까? 선진화될수록 부패가 줄어드는 것은 사실이다. 그러나 부패가 반드시 경제발전과 비례하는 것은 아니다. 후진국에서도 행정이 투명한 나라가 있는 반면 선진국에서도 부패지수가 높은 나라도 있다.

경제적 측면에서 분석하면 절대적인 소득수준보다는 정부가 어느 정도로 경제에 개입하고 있느냐에 따라서 부패의 정도가 결정된다. 이것은 매우 당연한 논리다. 정부가 사사건건 개입하여 기업활동을 규제하는 나라에서는, 반드시 부패의 유혹이 발생하게 마련이다. 기업은 당장 소기의 목적을 달성하기 위해 정부와 정치인에게 로비를 시도한다. 규제를 통해 특혜적인 혜택을 누리는 기업은 그 혜택을 연장하기 위해 로비를 하고, 진입 규제로 미처 진출하지 못한 기업은 새로운 사업기회를 찾기 위해 로비를 하게 된다.

정부가 각종 사업에 인허가 권한을 많이 갖고 있을수록, 기업은 정치인에게 더 많은 로비를 한다. 그래야 기존의 독과점적인 구조를 유지할 수 있다. 그렇기 때문에 경제적 관점에서 정치인과 기업의 부적절한 유착관계를 사라지게 하려면, 우선 각종 경제 관련 규제를 과감히 풀어주어야만 한다. '정부의 보이는 손'이 없어도 경제가 소리 없이 시장에서 움직일 수 있게 된다면, 정경유착의 뿌리는 상당히 제거될 수 있다. 경제 선진국일수록 부패가 적은 이유는 소득수준이 높아서가 아니라 바로 기업에 대한 규제가 적기 때문이다.

경제는 항상 시장이 흐름에 따라 움식이는 속성을 갖고 있다. 그런데 시장의 흐름을 정부가 인위적으로 막거나 조정하려 하면 반드시 경제에 부작용이 발생한다. 마피아가 등장한 것도 술에 대한 정부의 규제가 너무 엄격했기 때문이며, 암달러상의 등장도 바로 외환시장의 규제에서 비롯된 것이다. 따라서 정치자금과 관련된 불법적인 정경유착의 고리를 끊으려면, 우선 정부의 시장개입부터 과감히 철폐해야 한다.

정부와 정치권에 새로운 인재가 지속적으로 수혈될 수 있는 인사제도도 필요하다. 현행 제도 하에서는 정치신인이 국회에 입성하는 것이 극히 제한적이며, 선거운동을 비롯한 각종 활동에서 진입장벽이 너무나 높다. 정부의 관료제도도 마찬가지다. 고시제로 대표되는 현행 제도 하에서는 단 한 번의 시험만으로 평생 동안을 고급 관료로 지낼 수 있다.

새로운 인재가 중간간부로 진출할 수 있는 제도가 거의 허용되지 않고 있다. 이렇게 폐쇄적인 인사제도에서는 행정의 효율성이 저하되고, 외부로부터의 경쟁이 없으며, 비효율적인 기득권층이 형성되어 부패의 고리를 견고하게 만든다. 고인 물이 썩어가는 과정과 유사하다. 선진국이 고위 관료를 계약직으로 임용하고 있는 것과 비교하면 우리 제도는 너무나 대조적이다.

정경유착의 고리를 끊고 부패 없는 선진경제로 다시 태어나기 위해서는 법제도의 개혁과 함께, 과감한 규제 철폐도 추진되어야 한다. 개방과 경쟁을 유도하는 관료제도의 개혁도 필수다. 국민들이 시장의 흐름을 이해하고, 정치인을 제대로 선별할 수 있는 안목도 길러야 한다. 이런 변화가 선행되지 않는다면, 경제는 계속 정치의 덫으로부터 자유로울 수 없을 것이다.

PART 3

국민정서와 정치의 덫

01

대통령의 휘파람

1930년대 초 대공황기에 미국을 이끌었던 루스벨트(Franklin D. Roosevelt) 대통령에게 한 기자가 질문을 했다.

"나라가 불안하거나 경제가 걱정스러울 때는 어떻게 마음을 가라앉히십니까?"

"내가 좋아하는 휘파람을 불지요."

기자는 의아하게 생각하며 다시 물었다.

"지금까지 대통령께서 휘파람을 부는 것을 한 번도 본 적이 없었는데요."

그러자 대통령은 더욱 자신 있게 말했다.

"물론입니다. 난 아직 휘파람을 한 번도 불어본 적이 없었습니다. 내가 휘파람을 분다면 국민들이 ……."

실업률이 25%가 넘었던 대공황 와중에 대통령이 왜 불안하고 두렵지 않았겠는가. 그러나 루스벨트는 '두려움, 그 자체가 가장 큰 적'이라고 외쳐대며 국민들의 불안을 신뢰로 바꾼 지도자였다. 하반신 마비라는 장애를 극복하고 대통령의 꿈을 이룬 후 그는 대공황의 국난(國難)에서 탈출하는 기적을 연출했다. 제2차 세계대전을 성공으로 이끈 주역이기도 했다. 그 위업으로 미국 역사상 유일하게 4번 연임하며 12년을 집권하는 기록을 만들었다.

과연 성공적인 루스벨트의 리더십은 어디에서 비롯된 것일까? 그리고 이것이 한국의 최고 지도자들에게 주는 시사점은 무엇일까? 『타임』지는 얼마 전 루스벨트를 20세기 최고 지도자로 선정하면서 그의 성공비결은 바로 국민을 감동시킨 친밀한 신뢰감에서 비롯됐다고 지적했다. 실제로 서민들의 삶을 공황의 늪에서 일터로 옮겨주었고 1,000번이 넘는 기자회견을 통해 유권자 마음을 사로잡았다는 것이다.

경제정책에서 보면 루스벨트 리더십은 더욱 분명해진다. '대통령의 경제학'을 저술한 허버트 스타인(Herbert Stein)은 루스벨트 경제정책의 핵심이 바로 고용창출을 통한 신뢰회복이었다고 지적한다. 역대 어느 정부보다도 시장에 적극 개입해 수백만 명에게 일자리를 만들어주는 정책을 폈기 때문이다. '일자리 만들기'로 경제적 공황을 극복하고 동시에 불안과 두려움의 정신적 공황에서 벗어나게 했던 것이다. 소외계층은 물론 청소년과 예술가에 이르기까지 일의 동기와 자극을 부여하고 기업을 움직이게 만든 것이 바로 성공비결이었던 셈이다.

우리는 어떻게 국난을 극복하는 리더십을 탄생시킬 수 있을까? 물론 우리 경제는 대공황과는 거리가 멀다. 그러나 경제의 불확실성이 그 어느 때보다 심각해지고 있다. 예전에는 배럴당 10달러 내외였던 유가가 무려 60달러를 오르락거리고 있다. 이러한 추세가 향후 지속될 것이라는 경고의 메시지를 보면 수입에 전적으로 의존하는 우리 경제에 막대한 타격이 아닐 수 없다. 급격하게 떨어지는 환율은 또 어떠한가. 수출 중심의 경제인 우리나라에게는 커다란 먹구름이 몰려오는 신호이나, 이를 우려하는 목소리는 경제계에서만 들려온다. 북한 핵 문제도 아직 해결의 실마리를 찾지 못하고 있다. 경제정책의 불확실성까지 겹쳐, 가계 소비와 기업투자가 급속히 냉각되고 있다.

성공하는 리더십에는 수많은 조건이 필요하다. 그러나 한 마디로 요약한다면 핵심은 역시 신뢰와 믿음을 주는 경제정책에 있다. 바로 '휘파람 소리'마저 조심스러워한 루스벨트의 리더십이다. 국민을 불안하게 만드는 '휘파람 소리'를 내지 말고 구체적인 실천과정을 통해 가계와 기업의 마음을 믿음으로 사로잡아야 한다. 경제는 시장 흐름에 역류할 수 없고, 시장은 바로 경제주체 마음에 따라 움직이기 때문이다. 아무리 좋은 정책을 내놓아도 내 일자리가 생기지 않는다면, 아무리 '기업하기 좋은 나라'를 외쳐대도 투자자의 마음을 돌려놓지 못한다면 어떻게 경제가 회복될 수 있겠는가. 따라서 시장에서의 신뢰가 성공하는 리더십의 관건이 된다.

신뢰는 정책의 일관성과 믿음에서 비롯된다. 시장 흐름에 따라 경제가 운용된다는 믿음을 심어주어야만 한다. 믿음을 얻으려면 이곳저곳에서 '휘파람 소리'가 나지 않도록 해야 한다. 21세기에는 국가마다 서로 좋은 경제환경을 만들기 위해 경쟁한다는 사실도 인식해야 한다. 국내의 정치적인 인기보다는 세계 속의 한국을 지향하는 글로벌 감각이 있어야만 국내산업의 공동화도 막을 수 있다. 여러 나라와 외교전쟁을 벌이는 분위기가 형성된다면, 어떻게 우리가 동북아시아의 허브를 꿈꾸겠는가.

우리나라처럼 대통령 중심제 나라에서 대통령의 중요성을 더 언급할 필요가 있겠는가. 우리는 미국처럼 앨런 그린스펀이라는 경제 전문 대통령이 따로 있지 않다. 우리나라 대통령에게는 의지만 있다면, 행정수도도 이전시킬 정도의 막대한 권한이 있지 않은가. 지금은 상황이 변했지만 예전에는 권력자에게 밉보인 대기업은 생존하기도 어려웠다. 경제를 꽃피우는 데에는 여러 변수가 있겠지만 경제에 대한 대통령의 인식과 의지는 가장 강력한 자양분이 될 것이다.

국난은 역설적으로 성공하는 리더십을 탄생시킬 수 있는 필요조건이 될 수 있다. 국민들은 상황이 어려울수록 휘파람 소리도 조심스러워하는 '루스벨트의 리더십'을 고심한다.

02

경제, '정치의 덫' 풀어주자

폴 볼커의 충격요법

대중의 인기를 먹고 사는 정치인들은 항상 고통을 수반하는 정책에 소극적이다. 장기적인 파장이 어떻든 우선 인기 있는 정책을 선택하려고 한다. 이런 유혹은 특히 선거철에 더욱 극심해진다. 그래서 표를 많이 모을 수 있는 경제정책이 쏟아져 나온다. 그러나 경제문제를 시장이 아닌 정치논리로 접근하면 경제는 여지없이 정치의 덫에 걸려버린다.

　이러한 유혹은 선진국이라고 예외가 아니다. 과거 미국 FRB 의장이었던 폴 볼커(Paul Voelker)와 로널드 레이건 당시 대통령의 갈등을 살펴보자. 지미 카터(Jimmy Carter) 대통령 시절에 임명된 볼커 의장은 1979년 10월의 어느 토요일, 금리를 20% 수준으로 전격 인상했다. 15%대의 고질적인 물가를 잡기 위해 금리를 두 배나 인상한 것이다. 당연히 주택건설은 꽁꽁 얼어붙었고, 소비는 급격히 줄었다. 농부들은 분노와 썩은 야채 꾸러미를 워싱턴의 FRB 건물 앞에 쌓아놓고 시위를 벌였다. 볼커 의장의 초상화는 불태워졌고, 그의 신변은 크게 위협받았다. 선거를 앞둔 레이건 대통령과 의회는 당장 그를 신랄하게 추궁했다. 당연히 돈을 풀이 경기를 살리고 실업을 해소하라고 윽

박질렀던 것이다.

그러나 2m의 장신인 볼커 의장은 말없이 시가만 피워댈 뿐 정치의 덫에 빠져들지 않았다. '충격요법'만이 미국 경제를 살릴 수 있다는 확신을 갖고 있었기 때문이다. 몇 년 뒤 그의 정책은 인플레이션을 잠재웠고, 1990년대 미국 경제의 호황을 이끄는 초석이 됐다. 볼커 의장은 레이건 대통령을 애타게 만들었지만, 훗날 빌 클린턴 대통령은 그가 만든 호황의 공(功)을 누리게 되었다.

증기기관을 만드는 데 일조한 '영국 하원'

제임스 와트(James Watt)가 증기기관을 성공적으로 만들 수 있었던 이면에는 영국 하원의 특별한 배려가 있었다고 한다. 정치가 어떻게 경제를 '덫'에서 풀어주는지를 잘 보여주는 사례이다. 1736년 스코틀랜드의 가난한 집에서 태어나 정규교육을 받지 못했던 와트는, 우연히 글래스고 대학교에서 장비를 만들고 수리하는 일자리를 갖게 되었다. 이곳에서 그는 스코틀랜드의 탁월한 과학자들과 교류할 수 있었고 증기의 물리학을 배우게 됐다.

1764년, 와트는 대학교에 설치돼 있던 뉴커먼 엔진을 수리할 기회를 갖게 됐다. 그는 즉각 그 엔진의 비효율성이 실린더의 가열과 냉각의 반복 때문임을 간파했다. 연구를 거듭한 끝에, 증기가 실린더 외부에서 응축될 수 있다면, 실린더 자체는 뜨거운 상태를 유지할 수 있고, 따라서 연료를 크게 절감할 수 있음을 깨닫게 됐다.

와트는 외부 응축기를 생산할 충분한 자금이 없어 한 동료와 동업을 했다. 하지만 값비싼 정밀가공 때문에 그들은 파산할 수밖에 없었다. 생계를 유지해야 했던 와트는 토목기사로 일해야 했다. 그러나 10년 후인 1774년, 와트는 두 번씩이나 큰 행운을 얻었다.

와트는 그해 버밍햄의 사업가 매튜 볼턴(Matthew Boulton)을 만났다. 또한 존 윌킨슨(John Wilkinson)이라는 제조업자는 피스톤 실린더 엔진에 요구되는 정밀 허용치를 충족하는 가공술을 완성했다. 몇 달 뒤, 와트와 볼턴은 윌킨슨의 정밀부품을 사용해 산업적 규모의 엔진을 제작했다. 철강기술과 증기기술의 상호작용은 시너지 효과를 일으켰다. 증기는 철강의 양과 품질을 개선시켰고, 양질의 철강은 실린더의 높은 피로강도뿐 아니라 정밀한 가공을 가능하게 해 다시 더욱 효율적인 증기력을 낳게 한 것이다.

그러나 문제는 특허제도에 있었다. 1774년을 시점으로 볼 때 와트가 원래 갖고 있던 특허권의 시한은 7년밖에 남지 않았다. 이는 아직 수익성이 있는 볼턴 와트 엔진을 만들기에는 충분하지 않은 시간이었다. 기술적으로 취약한 부분이 많은데, 특허기간이 짧아 성공 가능성이 디욱 낮아 보였다. 와트는 의회에 청원을 냈고, 영국의 하원은 놀랍게도 그의 청원을 수용했다. 성공 가능성이 뚜렷하지 않았음에도 불구하고 중요한 기술이라는 판단에서 의회는 특허권 보호기간을 25년이나 더 연장해 주는 조치를 취했던 것이다. 그와 같은 특허기간 연장조치가 있었기 때문에 연장된 특허기간이 다했을 때에는 496개의 장치가 영국에서 요란한 소리를 내며 광산의 펌프와 용광로, 공장에 동력을 공급할 수 있었다.

우리가 어떻게 이런 모습을 기대할 수 있겠는가? 우리에게 이런 사례가 발생했다면 과연 25년의 기간이 연장되었을까? 국회는 우선 특혜시비라고 법석을 떨었을 것이다. 만약 발명주체가 대기업이었다면, 그것은 완전히 특혜 여론에 밀려 연장조치가 불가능했을 것이다. 그 결과 신기술과 특혜가 동시에 사라지는 '공평한 사회'가 실현되었을 것이다.

우리가 언제 그런 꿈을 실현할 수 있겠는가.

볼커의 예에서도 볼 수 있듯이 정책의 독립성이 제도적으로 보장된 선진국에서도 정치인의 압력이 거센데, 우리가 언제 그런 꿈을 실현할 수 있겠는가. 우리처럼 경제정책이 정치에 예속된 후진국에서는 선거철마다 정치의 덫에 빠져 곤욕을 치르곤 한다.

어느 선거든 예외가 없었다. 지난 17대 선거에서도 경제위기에는 아랑곳하지 않고 정부와 여당은 '올인(all in)' 작전을 폈고 야당은 대통령을 탄핵했다. 그 당시, 우리에게 경제가 있었던가. 바야흐로 정치의 계절이 돌아왔던 것이다. 각기 다른 생각의 사람들은 거리로 쏟아져 나왔고, 언론에도 연일 탄핵과 총선뿐이었다. 그러나 선거가 끝난 뒤 '그 사이의 경제'는 어떻게 됐던가.

물론 이것은 정상적인 정치활동일 수도 있다. 그러나 여야의 극한대결로 정치권이 불안정한 가운데 경제 각료는 차출되고 장밋빛 공약만 난무한다면, 이것이 곧 경제를 옭아매는 정치의 덫이 아니겠는가. 게다가 정치자금에 연루된 기업 수사가 2년 가까이 지속되었으니 덫에 빠진 경제의 심각성은 더 말할 나위도 없다. 한마디로 정치가 경제에 도움을 주기는커녕 국가신용도에까지 부정적인 영향을 주고 있는 셈이다.

실제로 얼마 전부터 외국 언론은 우리 경제에 심각한 경고를 지속적으로 보내고 있다. 『뉴스위크(Newsweek)』와 『파이낸셜 타임스(Financial Times)』는 대기업 부채로 외환위기를 겪었던 한국이 불과 5년여 만에 다시 소비자 채무로 '제2의 경제위기'를 맞고 '파산의 위기'에 처했다고 지적하고 있다. 2001~2002년의 무리한 경기부양이 가져온 결과이니, 이것 역시 정치의 덫이 아니겠는가. 일본의 경제학자 오마이 겐이치(大前研一)도 정치 불안 속에서 정부의 인허가에 기업의 운명이 달린 나라가 어떻게 선진국을 꿈꿀 수 있겠느냐고 지적한다.

우리 경제는 지금 위기와 기회의 갈림길에 서 있다. 내수침체와 투자부진으로 고용불안은 더욱 가중되고 있지만 수출은 달아오르고 있다. 20년 만에 다시 찾아온 해외경제의 호황 속에서도 유독 우리 경제만 내부적인 요인으로 고전을 면치 못하고 있는 것이다. 어떻게 이런 상황에서 탈출할 수 있겠는가.

위기의 원인을 깊게 분석해보면, 역시 정치가 큰 비중을 차지하고 있다. 제발 경제를 정치의 덫으로부터 자유롭게 하자. 더이상 경제를 정치논리로 해결하지 말고 시장으로 풀어야 한다. 나아가 정치 불안에도 불구하고 경제정책의 일관성을 유지할 수 있는 제도적 장치도 모색해야 하지 않겠는가.

03

왼쪽보다 부유한 오른쪽

무슨 일이든 왼손보다는 오른손이 익숙한 경우가 많다. 물론 왼손잡이가 대단한 실력을 발휘하는 것은 사실이지만, 보통 사람들은 대부분 오른손을 훨씬 더 익숙하게 사용한다. 오른쪽과 왼쪽의 차이는 단순히 손에 그치지 않는다. 미셸 투르니에 (Michel Tournier)가 저술한 『소크라테스와 헤르만 헤세의 점심』에 보면 오른쪽과 왼쪽의 차이를 설명하는 몇 가지 일화가 나온다. 원래 '왼손'은 어원에서부터 서툴다는 의미가 숨어 있다고 한다. 또한 선(善)은 오른쪽에서 오고, 악(惡)은 왼쪽에 있다고 여기는 문화도 많다고 한다. 그래서 '골고다의 언덕'에서도 착한 도둑은 예수의 오른편에 매달려 있었지만, 악한은 왼쪽에서 고통을 받았다. '최후의 심판'에서도 구원받은 사람만 성부 (聖父)의 오른쪽에 앉을 수 있다니, 좌우(左右)의 차이가 너무나 크다.

최근까지도 널리 사용되고 있는 좌파와 우파는 프랑스 혁명에서부터 유래된다고 한다. 1789년 삼부회의가 처음 열릴 때, 왕당파는 의장의 오른쪽에 앉았고, 혁명당원은 왼쪽에 자리잡았다고 한다. 그 이후 오늘에 이르기까지 우파는 보수의 상징으로, 좌파는 개혁의 상징으로 남아 있는 셈이다.

우파는 대체로 전통적인 가치와 제도를 존중하고, 개혁과 혼란보다는 안정과 기존가치를 존중하는 경향이 있다. 반면 좌파는 안정보다 개혁을 통한 발전을 주장하며, 현실에 안주하기보다는 기존질서에 맞서 투쟁하는 특성을 갖고 있다. 유전과 환경의 측면에서도 우파는 부모로부터 내려받는 유전을 중요시하는 반면, 좌파는 환경을 더 중시하는 경향이 있다고 한다. 환경은 유전보다는 쉽게 바꿀 수 있기 때문에 좌파는 우파보다 낙관적인 경향을 지닌다고 한다. 그렇다면 당신은 우파에 속하는가, 아니면 좌파에 속하는가?

경제학에서도 우파와 좌파는 완연히 구별된다. 우파는 당연히 보수적이고, 좌파는 급진적이며 개혁을 지향한다. 경제학적 접근방법이 '보수적'이라는 얘기는 무엇을 의미하는가? 이것은 애덤 스미스(Adam Smith)의 『국부론』적인 정책 지향성을 의미한다. 다시 말하면, 정부가 가급적 경제에 개입하지 않고 시장에서 스스로 결정되는 과정을 중시하는 정책인 것이다. 일부에서는 자유방임이라고도 한다. 정부가 경제적 측면에서 할 수있는 일이란, 밤에 야경(夜警)이나 보고 공공사업이나 벌이면된다는 생각이 바로 우파적인 접근이다.

이런 접근을 경제에서는 고전학파적인 정책이라고 한다. 애덤 스미스를 중심으로 근대 경제학의 큰 틀을 완성했던 일군의학자들을 '고전학파'라고 부르기 때문이다. 경제학에서는 오른쪽이 우파적이고, 고전적이며, 보수적인 것이다. 이러한 생각은 『국부론』에 잘 나타나 있다.

"우리가 저녁식사를 할 수 있는 것은 푸줏간 수인이나 양조장 주인, 빵 제조업자들의 박애심 때문이 아니라 그들의 돈벌이에 대한 이기심 때문이다."

경제에 참여하는 각 사람이 자신의 이익을 좇아서 행동한 결과로 경제가 발전할 수 있다고 믿었던 것이다. 빵 가게 주인은 자신을 위해서 좋은 빵을 만든다. 또한 시장경쟁에서 이기기 위해서는 가격도 싸야 한다. 이 결과 시장에는 좋은 품질의 제품이 값싸게 공급된다. 자신의 이익을 추구하는 행동이 경제발전의 원동력이 되는 것이다.

물론 지금도 정부가 야경이나 해야 한다고 믿는다면, 이것은 그야말로 '극우파적인' 발상이다. 18세기 이후 시장이 제대로 작동하지 않는 부분에 정부의 손을 많이 도입하여, 오늘에 이르고 있다. 오른손이 상당 부분 '정부의 손'으로부터 도움을 받은 것이다.

반면, 경제학의 왼쪽은 '사회주의'로 발전했다. 정부가 개입하지 않고 시장에 맡겨놓으니 독점기업은 더욱 번성하여 부익부 빈익빈만 창출한다는 것이다. 따라서 공동으로 생산하여 필요에 따라 분배하며 평등을 추구하고, 정부가 강력하게 개입하여 경제를 운용해야 한다는 생각으로 발전했던 것이다. 한때 일부 국가에서는 오른쪽과 왼쪽을 적절히 조화시키려는 시도도 있었지만, 결국 왼쪽의 사상은 많은 사회주의 국가의 기본 체제로 굳어버렸다.

왼쪽과 오른쪽의 경제성과는 더 이상 논의할 필요조차 없을 것이다. 중국은 시장이라는 오른손으로 식량문제를 해결했지만, 아직도 왼손의 악(惡)에서 벗어나지 못하고 있는 북한의 사례는 시사하는 바가 크다. 경제에서도 오른쪽이 완벽했던 것은 아니지만, 역시 왼쪽보다는 더 능수능란하게 물질적인 풍요를 누리게 만들었다.

좌우 논쟁으로는 경제를 못 살린다

오른쪽의 풍요에서 사는 사람들조차도 가끔 '왼쪽의 유혹'에 빠져드는 경우가 있다. 여전히 왼쪽으로 갈 것을 주장하며 인기몰이를 하는 정치인들이 조명받는 경우를 보면 그러하다. 최근의 경제정책에 대해서도 오히려 시장경제에서 멀어지고 있는 것이 아니냐는 우려가 있다. 외신들도 한국이 '좌'로 더 가까이 간다고 평가한다.

그러나 아직도 우리 사회에서는 좌파에 거부감이 많은 것 같다. 그래서 좌파보다는 개혁과 진보를 표방하는 경우가 많다. 다른 쪽도 마찬가지다. 보수정당의 이미지를 벗어나 중도개혁으로 탈바꿈하려 한다. '중도 진보', '개혁 실용', '개혁 보수' 등 개념조차 혼란스러운 용어들이 난무하고 있다. 그 모든 용어들은 인기를 얻기 위한 것으로 들릴 뿐, 경제에 도움이 되지는 못하고 있다.

이를 보는 국민은 답답하고 불안하다. 우선 정당의 이념을 규정하는 용어 자체가 생소하고 구체적으로 어떤 정책을 펼 것인지 가늠하기 힘들기 때문이다. 17대 총선이 있은 뒤 여당 당선자의 56%가 자신을 '중도 진보'라고 생각한다고 밝혔고, 야당 또한 이에 대응해 '건강 보수', '중도 보수' 등 새로운 이름을 내놓았다. 게다가 국회에 처음 신출한 민주노동당의 색깔까지 가

미뤘다.

정치적 관점에서는 이념논쟁이 매우 중요한 화두일지 모른다. 그러나 경제 현안으로 돌아오면 좌와 우를 둘러싼 이념논쟁은 진부하고 답답하기만 하다. 눈을 크게 뜨고 바깥 세상을 내다보자. 사회주의와 선진국의 역사적 교훈도 살펴보자. 지금 이렇게 한가한 논쟁을 벌이는 나라가 어디에 있는가. 이념 타령으로 시간을 보낼 만큼 우리 경제는 여유롭지 않다. 고용창출에 '중도 진보'냐, '개혁 보수'냐가 무슨 의미가 있단 말인가?

국민은 왼쪽에 앉든, 오른쪽에 앉든 자리에 연연하지 않는다. 일자리를 늘리고 투자를 활성화해 내일의 잠재력을 확충하며, 국민경제를 회복시키는 정책을 고대하고 있다. 어떤 자리에 앉든지 개혁은 글로벌 스탠더드를 추구하는 것이고, 목표는 글로벌 경쟁력 아니겠는가. 성장을 주장하면 우로 가는 것이고, 분배를 외치면 개혁으로 간다는 오류에서 벗어나야 한다. 경제가 성장하지 못하면 실업과 신용불량자, 투자부진, 산업공동화 문제를 어떻게 해결할 수 있겠는가. 분배를 개선하자는 개혁의 목표도 성장 없이는 달성될 수 없는 과제다. 성장이 모든 경제 현안을 해결할 수는 없지만, 저성장은 저소득층과 소외계층에 훨씬 더 많은 고통을 준다. 개혁이 일자리를 줄이고 경쟁력을 저하시키는 것이라면 어떻게 정당화될 수 있겠는가.

경제를 살리려면 해외로 빠져나가는 투자를 붙들어야 하고 노동시장의 유연성을 높이고 노사관계도 선진화해야 한다. 정치권은 이념논쟁으로 소일하고 정부는 낡은 패러다임으로 기업을 규제하면 경제는 어디로 가겠는가. 게다가 인기 위주의 정책으로 국민까지 현혹시킨다면, 경제는 더욱 암담해질 것이다. 지금은 애매한 수사(修辭)로 이념을 포장해 시장의 불확실성을 높일 때가 아니다. 개혁의 아집을 극복하고 나라가 살 길을 찾아 나서야 한다.

세계는 모두 글로벌 경쟁의 풍파에서 생존게임에 골몰하고 있는데, 우리는 언제까지 해묵은 이념논쟁만 할 것인가. 아니면 과거사 청산에만 골몰하고 있을 것인가. 경제는 안정된 사회 분위기 속에서 미래에 대한 믿음과 장밋빛 전망이 가득할 때 밝아지는 것이다. 누가 불안하고 혼란한 사회에 투자하겠는가. 누가 역사 논쟁으로 시끄러운 과거 지향적 사회에 미래 지향적인 설계를 하겠는가.

04

정치인과 경제

지난번 미국의 대통령 선거는 유수 언론의 출구조사 결과가 빗나갈 정도로 박빙이었다. 조지 부시(George Walker Bush) 대통령에게 맞서 정권 교체를 희망하는 민주당은 히든 카드로 존 케리(John Kerry) 후보를 내세웠지만 국민들은 전쟁 중에 장수를 갈지 않았다.

미국 대통령 선거는 대부분 정책으로 판가름나는데, 치열했던 선거전이었지만 케리 후보는 정치인이라면 새겨들어야 할 말을 남겼다. 첫 예비선거가 열린 뉴햄프셔 주에서 케리 후보는 당시 논란거리였던 부시 대통령의 '감세정책'에 대한 질문을 받았다. 조세감면을 통해 경기를 부양시키는 정책을 어떻게 평가하느냐는 것이었다. 그의 답변은 명쾌했다.

"대통령은 가장 올바른(right) 정책을 선택해야지 인기 있는 (popular) 대안을 제시해서는 안 됩니다."

정치인이 인기 있는 정략을 버리고 올바른 정책을 제시하는 것은 쉽지 않다. 유권자가 올바른 사람을 선택하지 않는 풍토에서는 더욱 그러하다. 표가 날아가는데 어떻게 인기 있는 정책을 포기할 수 있겠는가. 그러니까 결국 유권자의 수준이 후보자의 수준을 결정하고, 국회의 위상도 자리매김하는 것이다.

한국은 어떠한가? 국회와 정치권은 가장 비효율적인 집단으로 지탄받고 있다. 경제에 도움을 주기는커녕 기업인까지 오염시키는 부패의 타성에서 벗어나지 못하고 있다. 이런 국회를 어떻게 바꿀 수 있을까? 당연히 유권자가 제대로 된 인물을 뽑아야 한다. 한국 땅에 시장경제가 바르게 피어나기 위해서는 반드시 입법기관이 제 역할을 해야 하지 않겠는가. 우선 후보자에 대한 '경제적 검증'부터 해야 한다. 과연 리트머스 테스트(litmus test)의 기준은 무엇이며 어떤 후보자를 낙선시켜야 할까.

첫째, 무책임한 인기영합적 공약으로 도덕적 해이를 불러오는 후보자를 낙선시켜야 한다. 부채를 탕감하고, 신용불량을 정부 예산으로 정상화시켜 개인의 짐을 정부가 덜어주겠다고 공약하는 사람이다. 그 부담은 누구에게 돌아가는가. 결국 신용사회의 근간을 무너뜨리고, 빚은 갚지 않아도 된다는 도덕적 해이를 불러와 시장경제의 핵심을 파괴한다.

둘째, 시장친화적인 정책을 외면하고 경제를 법과 명령으로 움직일 수 있다고 믿는 사람이다. 그런 사람은 또 기업을 이익추구의 경제단위로 여기지 않고, 법과 명령으로 움직일 수 있는 사회의 공익기관이라고 믿는다. 이런 발상에서 정년을 연장하는 법규를 만들고, 노동시장에 대한 규제를 강화해 취업자를 늘리려 한다. 그러나 시장은 오히려 거꾸로 움직인다. 노동시장에 대한 규제가 많은 유럽의 실업률이 미국보다 월등히 높은 이유가 어디 있는가. 규제가 많아질수록 일자리는 오히려 줄고 '이태백'만 늘어난다.

셋째, 글로벌 경제에 대한 감각이 없는 후보자는 더 말할 나위가 없다. FTA(자유무역협정)를 체결하지 않고 어떻게 한국 경제의 역동성이 살아나기를 기대하겠는가.

그러나 유권자의 입장에서 보면 이 세 부류의 사람들이 모두 마음에 들 것이다. 빚을 탕감하자는 데 싫어할 유권자가 어디 있겠는가. 눈앞에 보이는 내 이익을 대변해주기 때문이다. 선거 때마다 엉뚱한 사람이 여의도로 올라오는 것은 바로 유권자의 착각 때문이다. 그 착각이 바로 우리 땅에 시장경제를 꽃피우지 못하게 만드는 미스터리를 만드는 것이다. 오랫동안 유권자가 좋은 인재를 외면한 결과, 오늘의 정치판은 4류 인사들로 득실거리고 새롭게 기웃거리는 사람마저 신통치 않다. 따라서 국민들이 정치인을 선별하는 안목도 크게 달라져야 한다. 우선 도덕적 해이(moral hazard)를 불러오는 인기영합주의자를 낙선시킬 줄 알아야 한다.

정치인이 여론몰이로 정책을 호도하는 대표적인 사례는 소외계층에 대한 후생확대 문제다. 물론 낙후된 계층에 대한 배려는 당연히 확대되어야 한다. 선진화된 나라일수록 나눔의 문화도 성숙해 있다. 그러나 낙후된 계층에 대한 배려는 사회정책으로 접근해야 한다. 경제문제를 사회문제와 혼동하고 정치의 잣대로 규제한다면 경제는 침체되고 소외계층만 더욱 어려워진다.

앞으로 다가올 무수히 많은 선거에서는 국민이 먼저 인기를 외면하고 바른 대안을 제시하는 후보를 선택해야 한다. 그래야 정치도, 경제도 모두 선진화될 수 있다.

'정치'아닌 '정책'이 필요한 시기

중국은 점차 한국의 일자리를 빼앗아가고 있다. 그러나 한국은 새로운 일자리를 만들지 못하고 있다. OECD 사무총장 도널드 존스턴(Donald J. Johnston)은 한국의 가장 시급한 두 가지 현안은 산업공동화와 중국과의 경쟁이라고 지적한다. 이 곤경에서 빠져나오려면 한국 정치인들이 정신을 차려야 한다. 그러나 정치인들은 '정책'은 멀리하고 정치에만 승부를 건다. 그들은 한국 역사를 복습해볼 필요가 있다. 수세기 동안 중국 황제는 조선의 새 왕을 승인해줬다. 물론 그런 역사가 반복되지는 않겠지만, 과연 한국 경제의 미래는 누가 지배하겠는가?

2004년 4·15 총선을 얼마 남겨놓지 않았을 때 경제주간지 『비즈니스 위크(*Business week*)』의 커버스토리에 실린 한 대목이다. 세계 언론의 지적대로 한국 경제는 주기적으로 정치에 의해 발목을 잡혀왔다. 평상시에는 경제가 중요하다고 말하는 정치인들도 선거철만 되면 기세가 등등하게 기업들에게 정치자금을 요구해왔다. 참여정부에서 2년 가까이 정치자금 수사를 실시했고, 이와 같은 비리가 '앞으로는 없을 것'처럼 말했지만 정치자금의 역사는 유구했다. 변형된 형태로 정치인은 경제를 비틀어 자금을 구했고, 그 자금은 유권자인 국민에게 사용되는 경우가 많았다. 물론 이로 인해 왜곡된 경제의 피해 역시 보이지 않는 방식으로 국민에게 전가돼왔다.

앞으로 선거는 종전보다 깨끗해지겠지만, 그렇다고 정치가 경제에 도움을 주는 역할을 기대하기는 아직도 요원한 것 같다. 정치공약으로 나오는 경제부문의 '개혁'정책들은 여전히 인기영합적인 것들이 대부분이고, 심지어 불법 정치자금을 없앤다면서 개혁입법을 주도했던 의원들 가운데는 의원직을 박탈당한 사람도 있기 때문이다. 당선이 급급한 사람들은 새 정치를 표방하든, 낡은 지역정서에 기대든 무슨 수를 써서라도 표를 모으려 한다. 게다가 인기만 노리는 공약(空約)으로 바람몰이를 하니, 어떻게 마음이 답답하지 않겠는가.

PART 4

기업은 우리에게 무엇인가

01   잭 웰치가 한국에서 경영한다면

한국 경제가 세계 12위의 강국으로 부상한 뒤 제법 시간이 흘렀지만 세계 언론에서 '존경받는 기업인'을 배출한 것은 2003년에 들어와서다. 그 해 영국의 경제일간지 『파이낸셜 타임스』는 세계 20여 개국 1,000여 명의 CEO와 펀드매니저 등을 대상으로 한 조사에서 삼성 이건희 회장이 세계적으로 존경받는 기업인 순위 32위에 올랐다고 보도했다. 2005년 4월, 미국의 시사주간지 『타임』은 '세계에서 가장 영향력 있는 인물 100'에 "무명의 삼성을 세계 최고의 가전업체로 만들어 소니를 위협하고 있다"는 설명과 함께 이 회장을 선정했다. 한국 기업인으로는 이건희 회장이 처음으로 전 세계 21명의 기업인 가운데 이름을 올려놓은 것이다.

물론 기업인을 보는 시각은 일치하지 않을 수 있다. 세계적으로 높은 평가를 받는 기업인도 사안에 따라서는 부정적으로 평가될 수 있을 것이다. 그러나 우리나라 국민들은 대체로 기업에 대해 부정적인 인식을 갖고 있는 듯하다. 실제로 흔히 말하는 반(反)기업 정서가 여러 조사를 통해 상당히 심각한 것으로 나타난다.

2003년 상공회의소와 『중앙일보』가 조사한 자료에 따르면,

국민들의 60%가 기업에 대해 부정적 시각을 갖고 있으며, 기업인에 대한 부정적 시각도 무려 67%에 달하고 있다. 한·중·일 3개국 중에서 우리 국민들의 반기업 정서가 가장 높은 것으로 나타나고 있다. CEO를 대상으로 한 엑센츄어사의 조사에서는 기업가에 대한 부정적 인식이 22개 조사 대상국 중에서 가장 높은 것으로 나타났다. 무려 70%의 CEO가 한국에서는 기업가에 대한 부정적 이미지가 높다고 대답했기 때문이다. 일본 45%, 싱가포르 28%, 대만 18%에 비교하면 한국에서의 기업(가)에 대한 부정적 인식은 매우 심각한 수준이다.

물론 우리 국민들의 시장경제에 대한 부정적 인식은 기업에만 그치지 않는다. '본질적으로 기업은 무엇인가'에 대한 인식마저도 크게 흔들리고 있다. 한국에서는 기업이 이윤을 추구하는 조직이라기보다는 국가와 사회발전에 기여해야 하고, 분배의 개선을 도모하는 공공조직이라는 인식이 지배적이다. 중·고등학교 교과서에서도 이런 시각을 강조하고 있을 정도다.

기업에 대한 여론조사 결과, 기업이 이윤극대화를 추구하는 것은 국민의 복지증진에 기여하지 않는다는 시각이 60%에 달한 반면, 기업의 가장 중요한 목적이 국가와 사회발전이라는 인식이 많았다. 사회주의인 중국보다도 전반적으로 시장과 기업에 대한 부정적 정서가 훨씬 높은·것으로 나타났다. 이러한 조사결과는 한국이 사회주의를 실시하고 중국이 자본주의를 도입하는 것이 더 타당하다는 일부의 시각을 뒷받침하고 있다.

물론 우리 사회의 반기업 정서는 정경유착이나 일부 기업가의 반사회적인 비리와 비윤리적인 행태에서 비롯된 것도 사실이다. 그러나 기업의 본질이 무엇인가를 제대로 파악해야만 사회여론도 새롭게 형성되고, 기업정책도 선진화될 수 있지 않겠는가. 과연 우리에게 시장과 기업은 무엇인가?

시장경제의 가치를 내걸고 1960년대의 최빈국에서 1만 달러의 소득을 달성하는 국가로 성장한 우리나라에서 기업에 대한 인식이 왜 이렇게 왜곡된 것일까? 이런 정서 속에서 과연 우리 경제가 선진국으로 도약할 수 있을까? 기업(가)의 위치에 대한 이러한 질문은 기업은 물론 학계와 정책당국에게 많은 함의를 던져준다. 일부에서는 이런 부정적 인식은 기업(가) 스스로 만들어낸 자업자득이라고 비판한다. 정경유착과 비리로 얼룩진 우리 사회에 기업가가 부정적인 역할을 담당해왔기 때문이라고 보는 시각도 있다.

그러나 과연 기업가 홀로 만들어낸 자업자득에 불과한 것일까? 정부와 언론과 정치권, 나아가 국민들은 바른 시각을 갖고 있는 것일까? 기업의 본질을 이해하고 시장경제의 흐름을 제대로 인식하고 있는 것일까. 시장과 기업을 부정적으로 인식하는 국민정서 속에서 세계 일류 기업의 탄생을 기대할 수는 없다. 우리가 부정적으로 생각하는 기업이 세계시장에서 성공할 수 있을 것이라는 믿음은 엄청난 오류가 아닐 수 없다. 오히려 기업을 국내시장에서 소외시키고, 외국기업이 국내시장을 기피하게 만들어 국내산업의 공동화를 가속화시킬 따름이다.

따라서 우리 경제가 21세기 글로벌 경쟁 속에서 새롭게 도약하기 위해서는 기업과 시장에 대한 바른 인식이 선행되어야만 힌다. 경제는 다로 시상을 이해하고, 기업에 대한 인식도 경제적 차원에서 바르게 정립되어야만 시장경제가 화려하게 꽃을 피울 수 있는 것이다.

밖에서 환영받는 우리 기업인들이 국내에서 환영받지 못하는 풍토가 과연 우리 경제에 조금이라도 도움이 되겠는가. 재직 당시 '존경받는 기업인' 1위를 놓치지 않았던 GE의 잭 웰치(Jack Welch)는 CEO로 취임한 후 5년간 11만 명의 직원을 해고해 한때 '중성자탄 잭'이라는 별명을 얻기도 했다. 그러나 미국을 비롯한 세계 각국에서는 GE를 세계 최고의 기업으로 만든 그의 업적에 커다란 찬사를 보냈다. 그런 잭 웰치가 한국에서 기업경영을 한다면 어떤 평가를 받을 수 있을까. 수십 명을 구조조정해도 엄청난 비난과 저항을 받는 우리 사회에서 과연 11만 명을 해고한 기업가가 제대로 평가받을 수 있을지 의문시된다. 이렇게 보면 세계적으로 위대한 기업가의 탄생도 기업을 제대로 이해하는 사회정서에서만 가능한 것이다.

기업의 목적은 무엇인가

국민들에게 기업의 목적이 무엇이냐고 묻는다면 가장 많은 답은 무엇일까? 기업의 목적이 국민의 복지를 증진시키고 사회적 책임과 정의를 실현하는 것이라고 믿는 시각이 가장 많다고 한다. 일면 당연하게 들리는 말이다. 이윤보다는 사회와 국민을 위해 봉사하는 것이 무엇보다도 중요한 설립목적이라고 믿는 것이다. 다시 말하면 기업은 어떤 사적(私的) 조직이 아니라 공공의 목적을 위하여 설립된 공적(公的) 조직이라고 생각하는 것이다. 아니면 사회를 위하여 봉사해야 하는 자선단체라고나 할까.

이런 시각에서 보면 기업이 당연히 이윤보다는 공공의 이익을 먼저 추구해야 된다는 주장이 등장한다. 특히 기업 규모가 커지고 시장점유율이 높은 대기업은 당연히 공적인 책임과 의무를 다해야 하며, 그래야만 선진화된 세계기업이 될 수 있다는 인식이 지배적이다. 앞에 언급한 상공회의소의 조사자료에서도 기업의 이윤추구는 그 자체로 당연한 것임에도 불구하고, 사회의 복지증진에 도움이 되지 않는다는 대답이 58.8%나 차지했고, 기업의 설립목적이 국가와 사회의 발전이라는 대답이 가장 많았다. 중국인들이 기업의 목적을 기업의 발전과 이익을 추구하는 것이라고 대답한 것과 비교하면 기업에 대한 시각이 큰 차이를 나타내고 있음을 알 수 있다.

물론 기업이 져야 할 사회적 책임은 매우 중요하다. 그러나 기업의 사회적 책임을 가장 먼저 강조하는 것은 기업의 본질에 대한 기본적인 이해가 결여된 것에서 비롯된 것이다. 효율적인 생산을 통해 사회발전에 기여하고, 고용과 소득을 창출하며, 기업시민(corporate citizen)으로서의 책임과 의무를 다하는 것이 중요하다. 따라서 생산활동을 통해 적절한 이윤을 창출해야만 고용과 소득을 창출하고 사회에 기여할 수 있는 것이다.

이와는 반대로 적자를 내는 기업을 생각해보자. 어떤 이유든 기업이 적자를 내면 사회에 큰 피해를 준다. 해고를 해야 하고, 금융권에서 빌린 돈을 제대로 갚지 못하고, 회사채를 상환하지 못하며, 주가가 폭락하게 된다. 이 과정에서 기업은 사회에 큰 피해를 주는 것이다.

이것은 기업의 본질이 무엇인가를 살펴보면 분명해진다. 기업은 어떻게 생성되는가? 기업은 결코 국민 개개인과는 전혀 관계가 없는 이질적인 조직이 아니다. 기업은 영리를 추구하기 위해 개인이 만든 조직이다. 우리 자신이 자본을 출자하여 재화나 서비스를 생산하면서 이익을 추구하기 위해 만든 조직에 불과하다. 사회정의를 실현하고, 국민의 복지를 증진시키며, 사회적 책임을 달성하기 위해서라면 결코 기업을 설립해서는 안 된다. 공공의 이익을 위한 공익법인을 만들거나, 공공서비스를 위한 정부조직을 확대해야 한다. 각 개인이 혼자서도 스스로 할 수 있는 생산활동을 더 효율적으로 전개하기 위하여 사람과 사람이 결합하고, 자본과 자본을 합하여 만든 조직이 바로 기업인 것이다.

개인이 독자적으로 수행할 수도 있는 생산활동을 왜 기업이라는 조직을 통해서 영위하는가? 이것이 바로 기업의 본질을 이해하는 핵심고리가 된다. 경제학에서는 기업을 개별적으로 독립된 주체 간의 계약관계에서 발생된 것으로, 거래비용을 절감하기 위해서 존재한다고 본다. 또한 조직화된 협동생산이 기술적 우위를 갖고 있으므로 기업이라는 경제조직이 존재한다고 평가한다. 이 밖에 시장지배력을 확대하거나 정부의 가격통제를 회피하는 방편으로 기업의 본질을 설명하기도 한다. 또한 기업 고유의 상표에 의한 경제적 이익의 증진, 조직을 통한 투자와 판매 및 보증수리 비용의 절약 등과 같은 조직에 따른 공동효과와 생산조직과의 관계에서 우월한 지위의 창출 등이 기업존재의 이유로 설명된다.

거래비용(transaction cost)의 관점에서 기업의 본질을 설명하는 이론을 좀더 구체적으로 살펴보자. 모든 재화와 용역은 기업이 아닌 각 개인도 생산할 수 있다. 그러나 독립적인 경제주체 간의 거래에는 계약의 협상과 배달, 검사, 품질보증 등에 관한 많은 거래비용이 수반된다. 거래에 관련된 독립된 주체들이 하나의 기업조직으로 흡수된다면 거래는 내부화되어 거래에 따른 많은 비용을 감소시키고, 이것은 곧 기업의 존재이유를 설명하는 한 요소가 된다.

기업의 속성을 거래비용으로 설명하는 접근은 기본적으로 시장에서 개별 독립주체 간에 거래가 이루어지고 이에 수반되는 비용이 기업조직에 의한 '거래의 내부화'와 조직경영에 따른 수익을 초과하는 경우에 기업조직의 인센티브가 발생한다고 설명한다. 거래비용은 대부분 계약의 불완전성에 기인해 발생된다. 그러나 개별 생산자가 한 기업으로 조직된다면 구매자와 판매자가 상호 의존하여 내부 조직화되는 관계를 형성하므로 개별주체 간의 계약이 갖는 불완전성의 한계를 극복하고 거래비용을 회피하거나 최소화할 수 있게 된다. 다시 말하면 내부조직 간의 거래를 통하여 계약에 수반되는 모든 비용을 제거할 수 있게 되는 것이다. 또한 시장거래에 필요한 정보의 탐색비용도 절감할 수 있다.

단체생산의 관점에서 기업의 본질을 설명할 수도 있다. 개인이 독립적으로 생산하는 경우보다 그룹이나 팀(team)이 협동하여 단체생산을 하면 더 많은 산출량을 낼 수 있다. 따라서 조직구성에 수반되는 여러 형태의 비용보다 단체생산으로 인한 생산량 증대효과가 충분히 크면, 기업을 조직한다. 특히 각 경제주체가 갖고 있는 생산요소의 종류가 다양하고, 단체생산 과정에서의 기여도에 따라 충분한 보상이 이루어진다면, 생산성 증대효과가 크게 나타날 수 있다.

이렇게 보면 두 이론 모두 기업의 본질이 비용절감과 이익의 증대에 있다고 본다. 다시 말하면, 비용을 절감시키거나 자신의 이익에 도움이 되지 않는다면 어느 누구도 기업을 조직하지 않는다. 단체생산에 따른 기술적 우위와 생산성 증대효과가 충분히 나타나지 않는다면, 기업이라는 조직은 탄생할 수 없는 것이다. 거래비용에서도 내부화된 조직을 통해 비용을 최소화시키고 효율을 극대화시킬 수 없다면 기업이 등장할 인센티브가 없는 것이다.

　기업의 본질은 비용의 절감과 이익의 증대에 있고, 이러한 일차적 목표의 실현을 통해 국민복지의 증진에 기여하고 사회적 책임을 다하는 것이다. 기업이 비용절감과 이익증대라는 본연의 목적을 달성할 수 없다면, 존재해야 할 이유가 없는 것이다. 이런 목적을 달성하지 못하는 기업이 지속적으로 존재한다면 그것은 바로 사회 전체에 큰 부담을 주는 것이다. 이것은 부실화된 기업이 사회에 어떤 영향을 미치는가를 보면 명확하다.

03   뱃사공 카론의 동전 한 닢

사랑의 신 에로스(Eros)가 짓궂은 장난을 시작했다. 하데스(Hades)에게 화살을 날려 대지의 여신 데메테르(Demeter)의 외동딸인 페르세포네(Persephone)에게 반하도록 조화를 부린 것이다. 저승의 신인 하데스는 두려운 것이 없었다. 당장 페르세포네를 납치해 저승으로 데리고 가버렸다. 외동딸을 찾기 위한 데메테르의 노력은 눈물겨웠다. 딸이 죽었을지도 모른다는 생각에 땅을 저주할 정도로 격앙됐다. 우연히 자신의 딸이 하데스에게 납치된 사실을 알았지만, 데메테르는 어찌할 수가 없었다. 자신의 힘으로는 딸이 있는 저승으로 갈 수 없었기 때문이다. 그리스 로마의 신화에서 신들의 왕인 제우스(Zeus)조차도 근접할 수 없었던 곳이 바로 저승이었다. 오직 제우스의 오른팔인 헤르메스(Hermes)만이 저승을 오르내릴 수 있었다.

신들도 자유롭게 가지 못한 저승을 인간이 어떻게 살아서 갈 수가 있겠는가. 그곳은 죽지 않고서는 갈 수 없는 곳이었다. 흥미로운 것은 죽은 뒤에도 반드시 돈이 있어야만 저승으로 갈 수 있다는 옛 신화 속 이야기다. 저승사자를 따라가는 데도 돈이 필요하다는 것이다.

신화에 따르면 인간이 죽어 저승 땅에 가서, 하데스의 궁전에 들어가려면 몇 개의 강을 건너야 한다. 그 첫 번째 강이 바로 문제의 '비통의 강(Acheron)'이다. 이 강에는 카론(Charon)이라는 늙은 뱃사공이 있는데, 이 노인은 바닥이 없는 소가죽 배로 혼령들을 저 세상으로 실어 나른다. 삶과 죽음의 사이를 건너는 인간의 운명을 조각배 하나로 연결해주는 직업이 얼마나 힘들었겠는가. 이런 이유로 카론은 동전 한 닢이라도 받지 않고는 절대로 혼령들을 태우지 않았다.

고대 그리스인들이 망자(亡者)의 입에 동전을 물렸던 이유도 모두 카론 영감의 비위를 맞추기 위함이었다고 한다. 다시 말하면 돈을 가지고 죽지 않은 혼령들은 카론에게 거절당해 저승으로도 가지 못하고 구천을 떠돌게 된다는 것이다. 죽은 혼령들을 실어 나르는 조각배 속에서도 시장은 움직이고 있는 것이다. 극한의 어려운 상황에서도 자신의 일에 대한 대가를 얻기 위해 배를 움직이는 카론의 행동이 모든 경제활동의 첫 출발이 된다. 동전 한 닢의 경제적 이득을 취하려는 뱃사공 카론의 행동 속에 시장의 핵심이 극명하게 나타나고 있다.

과연 신화 속에서만 동전 한 닢이 존재하는가. 애덤 스미스의 '보이지 않는 손'이 기업인은 물론 근로자와 소비자에게, 기업과 우리의 일상 속에 그대로 살아 움직이고 있다. 이승과 저승을 잇는 강변까지, 살아 있는 사람들의 세상 끝을 넘어 저승의 목전까지도 살아 움직이는 것이다. 시장은 동전 한 닢을 위해 노를 젓는 뱃사공 카론의 마음속에 자리잡고 있다. 그 동전 한 닢이 자신의 이익을 극대화하기 위해 움직이는 시장경제의 본질을 웅변해주고 있다.

우리 사회는 기업이 추구하는 카론의 동전 한 닢을 어떻게 평가하고 있는가? 과연 우리 사회는 자신의 이익을 극대화하는 기업(인)에게 정당한 평가를 하고 있는가? 삼성전자가 2004년 100억 달러의 이익을 달성한 사례를 생각해보자. 매출이익률이 20%에 달했고, 특히 반도체 부문의 이익률이 40%를 달성했다. 마쓰시타·히타치·NEC·도시바 등 일본 10대 전자회사의 2004년도 순이익을 모두 합해도 5조 원을 약간 상회하는 수준인데 삼성전자가 두 배의 성과를 거둔 것이다.

2003년 기준으로 100억 달러의 순이익을 달성한 기업은 세계 전체에서 9개 정도밖에 안 된다. 세계 최고의 정유업체인 엑슨모빌(215억 달러), 시티그룹(178억 달러) 등이다. 순수 제조업체로는 일본의 도요타 자동차(102억)가 유일했다. 매출이익률이 그렇게 높은 기업도 찾아보기 힘들다고 한다. 그럼에도 불구하고 올림픽 금메달 뉴스보다도 더 작게 취급된 것은 무엇 때문일까? 정치기사만 1면에 올려놓는 후진국형 언론의 속성 때문일까, 아니면 기업의 이윤에 큰 의미를 부여하지 않는 사회정서 때문일까?

실제로 우리나라에서는 이윤추구를 비난하는 국민정서가 지배적이다. 시장에서 많은 이윤을 내는 기업을 비판적으로 다루는 언론도 많고, 기업 간 형평의 관점에서 비난받아 마땅하다는 여론도 많다. 국내의 몇 개 안 되는 세계적인 일류 기업이 '너무 많은' 이윤을 내서 사회적 불균등을 야기하고 경제 전체에 왜곡을 초래한다는 시각인 것이다. 기업가가 경영활동의 보상으로 받는 스톡옵션(stock option)이나 성과급에도 언론의 따

가운 눈총이 쏠리곤 한다. 과연 기업(가)이 이윤을 추구하고 자기이익을 극대화하는 것이 그렇게 잘못된 것일까?

먼저 이윤의 본질이 무엇인가부터 살펴보자. 이윤은 총수입과 총비용의 차이로 정의된다. 따라서 이윤은 수요변화로 인하여 변동될 수도 있고 생산기술의 변화로 인하여 움직일 수도 있다. 특정 산업에서 가격인상으로 이윤율이 높아지면 진입장벽이 없는 상황에서는 결국 신규기업이 진입하여 생산량이 증가하고, 시장가격은 하락하여 이윤이 줄어들고 균형을 찾아가는 현상이 나타난다. 따라서 이윤은 시장의 가격기능에 의해 효율적 자원배분을 촉진하는 변수가 되기도 한다.

그렇다면 이윤은 왜 존재하고 그 본질은 무엇인가? 이윤은 모든 기업의 생산활동에 필연적으로 발생해야만 하는가? 이윤의 발생근거를 설명하는 이론은 무수히 많다. 일반적으로 기업가의 위험부담에 대한 대가와 불균형의 결과 및 불완전 경쟁이 대표적인 이윤발생의 본질적 원천이라 할 수 있다. 이윤발생의 근거는 다음과 같이 세 가지로 요약할 수 있다.

첫째, 이윤은 위험부담(risk taking)의 대가로서 발생된다. 새로운 기업활동을 시작하는 기업가는 여러 형태의 위험을 감수해야만 한다. 사업이 실패할 가능성도 있고, 다른 사업보다 낮은 투자수익을 획득할 수도 있다. 기업가의 사업은 다른 어떤 경제주체로부터 결코 그 결과가 보장되지 않는다. 반면 근로계약에 의해 고용되는 노동자는 이러한 위험부담을 감수할 필요가 없다. 이러한 관점에서 보면 이윤은 기업가가 위험부담을 감수한 대가로서 보상받는 부분이나. 이러한 요인으로 발생되는 이윤은 경제적 관점에서도 당연한 보상이라고 할 수 있다.

둘째, 이윤은 시장의 불균형에 의해서 발생될 수 있다. 시장에서 '정상적' 수준보다 높거나 낮은 수익률이 발생될 때 시장은 불균형상태에 있게 된다. 완전경쟁시장이 장기균형 상태에서는 모든 기업이 정상이윤만을 획득하게 된다. 그러나 단기에는 수요와 공급 측면에서 불균형이 발생할 수도 있다. 예기치 않은 수요가 일시에 크게 증가했다거나 공급에 급격한 변화가 일어나면 시장의 불균형이 발생하게 된다. 이러한 불균형상태에서 기업은 초과 수익을 획득할 수 있게 된다. 시장의 불균형에 의한 경제적 이윤은 일시적 현상으로 지적된다. 불균형에 의한 일시적 이윤은 물론 마이너스(-)일 수도 있다. 수요가 급격히 감소하거나 공급이 급증하면 단기적 손실이 발생할 수도 있기 때문이다. 이 경우에는 기업의 이탈과 생산 감축으로 균형상태가 회복되게 된다.

셋째, 시장구조가 불완전 경쟁인 상태에서는 독과점 기업의 시장지배력(market power) 행사가 가능하고, 그 결과 이윤이 발생한다. 독점기업은 이윤 극대화를 위해 생산량을 축소하고 가격을 인상시킨다. 이러한 시장지배력을 행사하면 독점이윤이 발생될 수 있다. 기존의 독점기업이 신규기업의 진입을 봉쇄할 수 있는 한, 독점이윤은 장기간 지속적으로 발생할 수 있다. 이러한 점에서 불균형에 의한 이윤과는 구별된다. 시장지배력에 의한 이윤은 일반적으로 많은 사회적 비용을 수반하는 부작용이 있어 논란의 대상이 된다.

물론 이윤의 본질에 관한 세 가지 설명은 상호보완적 성격을 갖고 있다. 어떤 특정 산업에서의 이윤은 위의 세 가지 요인이 상호 결합되어 발생할 수도 있고, 한 가지 요인에 의해서만 나타날 수도 있다. 그러나 여기에서 중요한 것은 과연 어떤 형태의 이윤이 비난받아야 하느냐는 점이다. 리스크 프리미엄(risk premium)이나 불균형의 상태에서 얻는 이윤은 오히려 장려되어야 한다. 기업가정신의 가장 근본적인 동인이 바로 여기에서 비롯되기 때문이다. 이런 종류의 이윤을 비난하는 사회정서 속에서는 유능한 기업가의 등장을 기대할 수 없다. 리스크 프리미엄을 규제한다면 위험부담으로 인한 손실도 보상해주어야 할 것이다. 불균형에 의한 이윤도 마찬가지다. 불균형을 찾아 이윤을 극대화하는 것이 바로 기업가정신에 해당되는 것이다.

시장지배력에 의한 이윤은 일반적으로 공정거래법의 규제를 받고 있다. 이것도 규제보다는 시장의 경쟁을 촉진하여 독점적 이윤이 시장에서 스스로 사라지게 만드는 것이 더 바람직한 정책이다. 그렇지 않고 많은 이윤을 창출한다는 이유만으로 무턱대고 색안경을 쓰고 바라본다면 누가 '비통의 강'에서 노를 저으려 하겠는가. 그리스 로마 신화에서는 죽은 이들을 대상으로 열심히 이윤을 창출하고 있는 뱃사공 카론 영감도 있지 않은가.

04

'도요타 Way'

2003년 세계 유수 기업들의 실적이 발표되면서 '도요타 Way' 열풍이 일기 시작했다. 제조업체로는 유일하게 순이익 100억 달러 클럽에 가입한 이유도 있지만, 최고의 이윤을 내고도 샴페인을 터트리기는커녕 '간판 시스템', 'JIT(Just In Time)' 등 특유의 허리띠를 바짝 조이는 경영을 계속 이어갔기 때문이다.

세계에서 주목하고 있는 토요타 자동차는 대표적인 '가족경영' 기업이다. 도요타의 CEO 계보는 도요타 사키치(豊田佐吉)—도요타 기이치로(豊田喜一郎)—이시다 다이조(石田退三)—도요타 에이지(豊田英二 : 현 최고고문)—도요타 쇼이치로(豊田章一郎 : 현 명예회장)—도요타 다츠로(豊田達郎)—오쿠다 히로시(奧田碩 : 현 회장)—조 후지오(張富士夫 : 현 부회장)—와타나베 가쓰아키(渡辺捷昭 : 현 사장)로 이어진다.

2005년 초, 일본 언론에서는 '도요타 가문의 대정봉환(大政奉還)'이 머지않았다는 보도를 연일 내놓았다. 도요타 가문의 3세인 도요타 아키오 전무가 부사장으로 승진했기 때문이다. 대정봉환이란 막부의 파워가 엄청나던 1867년, 지배세력이었던 도쿠가와 요시노부(德川慶喜) 막부가 국가통치권을 메이지(明治) 천황에게 돌려준 사건이다. 지난 10년간 도요타를 성공적으로 이끌어온 오쿠타 회장이 조만간 은퇴할 때, 경영권을 아키오 부사장에게 넘겨줄 것으로 일본 언론들은 내다본 것이다. 이렇게 되면 도요타 가문과 전문 경영인이 번갈아 맡아오던 경영권이 10년 만에 다시 오너 가문으로 돌아가게 된다. 도요타 일가의 도요타 지분은 3% 가량에 지나지 않는다.

일본 기업의 지배구조를 논할 때면, 소니와 도요타가 비교되곤 한다. 소니는 미국식 이사회 중심 경영을 발 빠르게 도입한 반면, 도요타는 가족 중심 경영을 고수하고 있기 때문이다. 한때 소니식 경영기법이 각광받은 적도 있었지만 지금은 '도요타 Way'를 빼놓고는 일본식 경영기법을 논할 수 없게 됐다.

소니와 도요타 자동차의 사례는 가족경영이 우월한 경영형태인지, 전문경영이 우월한지 논의가 분분한 우리 사회에 중요한 교훈을 던져준다. 기업이 처한 환경에서 가장 이윤을 많이 창출할 수 있는 지배구조가 가장 우월하다는 함의가 그것이다. 소니식 지배구조가 경영학원론이라고 하더라도 그에 따라 경영한 기업이 이윤을 창출하지 못한다면, 기업이 어떻게 장기적으로 살아남을 수 있겠는가.

대기업의 지배구조에 대한 우리의 인식은 어떠한가? 우리 사회에서는 전문경영이 소유(owner)경영보다 바람직하다는 인식이 지배적이다. 전문경영인에 의한 경영이 바람직하다면, 우리나라에 아직도 소유주에 의한 경영이 많은 이유는 어디에 있는 것일까? 경영관행이 전근대적이기 때문인가, 아니면 소유주에 의한 경영에도 무언가 장점이 있기 때문인가? 기업집단의 개혁에서도 오너경영이나 전문경영이냐는 논란이 수시로 제기된다.

우선 왜 이런 문제가 제기되는가를 좀더 자세히 살펴보자. 작은 중소기업이 오너경영을 하는 것은 당연하게 받아들인다. 그런데 대기업을 소유주가 경영하는 것은 왜 문제가 되는가? 시장경제에서는 주주 이익의 극대화가 가장 중요한 기업 목표가 된다. 따라서 중소기업처럼 오너가 100%의 지분을 갖고 있는 경우 직접 경영하는 것은 너무나 당연하다.

그러나 대기업 문제의 출발은 지배주주가 소액주주의 이해관계를 무시하고 경영권을 전횡할 가능성이 있기 때문이다. 기업 규모가 엄청나게 커졌는데 과연 자본만 가진 지배주주가 탁월한 경영능력을 발휘할 수 있겠는가 하는 문제를 제기할 수 있다. 경영능력이 입증되지 않은 직계자손이 세습경영을 하는 것도 같은 이유로 사회적 논란이 될 수 있다. 따라서 '능력 없는' 지배주주가 직접 또는 세습경영을 하는 것은 당연히 바람직하지 않다.

그렇다면 소유권과는 관계없는 전문경영 체제가 항상 이상적인 대안인가? 이론적으로는 반드시 바람직한 대안이 아닐 수도 있다. 전문경영인이 주인의 대리인으로서 주주의 이익 극대화를 추구한다는 보장이 없기 때문이다. 전문경영인은 자신의 보수나 사회적 명성, 승진 등 사익추구에 더 많은 관심을 가질 수 있고, 주주의 이익보다는 시장 확대나 조직 확대 등에 더 신경을 쓸 수도 있다. 전문경영인에게도 당연히 자신의 이익을 극대화시키는 동기가 부여되는 것이다. 주주의 대리인으로서 바람직한 역할을 수행할 수 있느냐가 논쟁의 핵심이 된다. 이런 현상을 경제학에서는 주인-대리인 문제(principal-agent problem)라고 한다.

주인-대리인 문제는 주인이 직접 일하지 않고 대리인에게 위임하는 모든 부문에서 발생할 수 있다. 예를 들면, 정부나 국회의 주인은 국민이고, 공무원과 국회의원은 주인의 대리인 역할을 하고 있을 뿐이다. 그러나 대리인이 국민보다 자신의 이익을 먼저 챙긴다면, 사회 전체로는 엄청난 대리인 비용을 수반하게 된다. 공기업이나 대기업에서도 직접 경영에 참여하지 못하는 소액주주는 대리인인 경영자에게 의존할 수밖에 없다. 공기업의 비효율성도 대리인 비용으로 비롯되는 경우가 많다.

전문경영인은 임기에 따라 평가받기 때문에 오너보다 장기적인 투자에 소극적이며, 연구개발과 신규사업의 확장에도 소극적인 행태를 보일 수 있다. 대기업의 오너가 자신의 이익을 추구하려는 것처럼, 전문경영인도 똑같은 인센티브를 갖게 되는 것이다. 따라서 전문경영인의 행동을 감시할 수 있는 적절한 이사회와 감사, 증권시장이 효율적으로 운영되어야만 한다.

실증적 사례도 소유경영이나, 전문경영 체제를 일방적으로 지지하지 않는다. 모토롤라와 같은 세계적 기업도 창업자 갤빈(Galvin) 가문에 의해 80년 가까이 경영되어왔다. 한국에서는 전문경영 체제의 표상이던 기아자동차는 무너졌지만, 전문경영으로 건실한 기업도 많다. 소유경영도 마찬가지다.

따라서 실증적인 분석은 소유경영과 전문경영 체제의 경쟁력을 가늠하는 잣대가 될 수 없다. 중요한 것은 소유경영이냐 전문경영이냐를 불문하고, 능력 있는 경영자가 주주의 이익극대화를 위해 일할 수 있도록 제도적 기반을 만들어주는 것이다.

미국 존스홉킨스 대학의 프랜시스 후쿠야마(Francis Fukuyama) 교수는 아시아 경제가 신뢰(trust)라는 사회적 자본이 부족한 토양에서 발전했기 때문에 시장과는 다른 형태의 경제제도가 형성되었다고 한다. 동양의 대기업 중 많은 수가 가족경영을 하고 있는 현상도 바로 이런 이유로 설명한다. 이런 관점에서 보면 신뢰라는 사회적 자본이 빈약한 우리 사회에 소유경영이 만연하는 것은 당연한 현상일 수도 있다. 경영자 시장이 발달되지 않은 상황에서 신뢰할 만한 능력을 갖춘 사람을 찾는 것은 결코 쉽지 않기 때문이다. 경영자 시장이 발달하고 시장에서 경영능력을 쉽게 평가할 수 있는 환경이 조성되면 빠른 속도로 전문경영이 확산될 수 있을 것이다.

또한 소유경영은 항상 전문경영보다 비효율적이라는 고정관념은 사라져야 한다. 어떤 지배구조가 최선의 선택이냐는 문제는 이론적으로 정립되어 있지 않다. 오히려 각국의 사회문화적인 특성에 따라 다양하게 결정되며, 글로벌 경쟁력을 갖고 최고의 성과를 거둔 기업의 행태(best practice)에 따라 새롭게 만들어지는 것이다. 어떤 제도가 최고라는 선입관은 버려야 할 유산이다.

급변하는 경제상황은 매번 다양한 지배구조의 손을 들어주고 있다. 지금 도요타 자동차의 손을 들어주는 듯 보이다가도 언제 소니식 경영 바람이 불어올지 모를 일이다. 어느 방식이 옳은가는 기업의 의사결정자들이 가장 심각하게 고민하고 결정해야 할 요소이다. 예전 소니가 잘 나갈 때에 미국식의 이사회 중심 경영이 옳다며 일본 정부가 도요타 지배구조에 압력을 가했다면 오늘날의 도요타 모습은 변해 있을지 모른다.

05

경제불안이 기업책임?

우리나라에서는 경제가 어려워지면 기업을 비난하는 여론이 많아진다. 부실경영이나 분식회계의 책임을 묻기도 하고, 경제불안의 원인이 기업의 과다한 투자와 전략에 있다고 비난한다. 아니면 자기이익만 생각하고 사회적 수요와는 거리가 먼 행동을 한다고 비난할 때가 많다. 물론 기업(가)이 비난받아 마땅한 경우가 종종 나타나는 것은 사실이다. IMF에 구제금융을 요청하는 외환위기가 발생했던 원인도 일방적으로 기업의 무분별한 과잉투자 때문이라고 믿는 국민들이 대부분이다.

그러나 과연 기업이 항상 경제불안의 제1차적 책임을 안고 있는 것일까? 우선 외환위기의 원인에 대한 평가를 분석해보자. 누적된 기업의 부채와 과잉투자가 외환위기의 한 원인이 되었던 것은 사실이다. 그러나 이보다 더 심각한 원인은 지나친 외환자유화와 부실한 단기외채 관리에 있었다. 국제기관들은 정부의 정책실패에 더 큰 무게를 두고 있다. 그럼에도 불구하고 우리 사회에서는 왜 기업에게 더 많은 책임을 요구하고 있는 것일까. 실제로 경제는 기업의 경영성과에 의해서 모든 실적이 결정되는 것은 아니며, 기업의 전략보다도 정부정책이 너 큰 영향을 미친다.

역사적으로 고도성장을 달성한 국가일수록 유능한 정부를 갖고 있었으며, 정부의 산업정책이 기업활동을 제대로 뒷받침해주는 경우에만 경제의 지속적인 성장이 가능했다. 1960년대 이후의 우리 경제와 필리핀 경제를 비교해보자. 어떤 요인이 두 나라의 경제성장에 가장 큰 기여를 했는가. 최근의 아일랜드 경제 역시 글로벌 경제에 효과적으로 대응하는 정부정책의 소산이다. 기업은 항상 주어진 법규와 제도 하에서 자신의 이익을 극대화하려는 본질적 속성을 갖고 있다.

따라서 경제가 건실하게 성장하려면 정부가 경쟁력이 있어야 하고, 개혁도 당연히 정부가 스스로 앞장서야 한다. 기업은 항상 시장에서 경쟁해야 하기 때문에 아무런 외부적 압력 없이도 스스로 개혁하고 생산성을 높이려는 동기를 갖고 있다. 그러나 정부는 항상 독점적인 서비스를 제공하기 때문에 경쟁의 압력이 없다. 정부의 서비스가 기업을 따라가지 못하는 이유가 바로 여기에 있다.

스위스의 IMD(국제경영개발원)의 분석에 따르면, 우리나라의 기업정책은 오히려 기업경쟁력을 떨어뜨리는 중요한 요인 중 하나다. 이 자료를 바탕으로 한국의 기업경쟁력과 국가경쟁력의 상관관계를 분석하면, 한국의 기업은 열악한 정책 속에서도 상당한 경쟁력을 유지하고 있는 것으로 평가된다. 기업경쟁력이 20위 정도인 한국의 '기업정책 경쟁력'은 16위가 되어야 하지만, 한국 정부의 정책은 24위에 머물고 있다. 기업의 개혁도 중요하지만, 정부가 앞서서 기업정책을 글로벌 스탠더드로 끌어올리는 개혁이 필요하다.

경제불안의 원인을 일방적으로 기업에게만 돌리는 정서는 교정되어야 한다. 정부가 바뀔 때마다 기업이 도마 위에 오르면서 반기업 정서를 심화시키는 풍토도 재평가되어야 할 것이다. 기업환경이 악화되면, 기업의 경쟁력이 높아질 수 없고 신규투자도 기대할 수 없다. 특히 글로벌 경제에서는 이런 현상이 더욱 심화되고 있다. 따라서 기업을 비난하기에 앞서 정부가 먼저 세계 초일류 서비스를 제공해야 한다.

PART 5

시장보다 강한 정부?

01 앨라배마의 'Before the dawn'

우리나라에는 재벌과 대기업에 대한 부정적 정서가 많다. 국내의 대기업은 중소기업에 비해 상대적으로 너무 크다고 비난하는 사람들도 있다. 이것이 국내기업 간의 불균형을 조장하고 국민경제의 건전한 발전을 저해하는 요소라고 인식하는 사람들도 있다.

실제로 국내 대기업들은 국내시장에 진출하는 외국기업보다도 더 경직된 규제를 받고 있다. 이와 같은 역차별적이고 비대칭적인 규제의 이면에는 국내 대기업에 대한 규제가 필요하다는 국민정서가 뒷받침되고 있다. 과연 국내기업은 세계의 대기업과 비교할 때 얼마나 크며, 대기업에 대한 정부의 규제가 바람직한 것일까? 중소기업의 발전을 위해 대기업의 규제가 반드시 필요한 것일까? 기업 규모를 규제하는 정책의 타당성을 평가해보지.

미국의 경제 전문지 『포천(Fortune)』 2004년 7월 판에 따르면, 2003년 세계에서 가장 큰 기업은 매출 실적으로 볼 때 유통업체 월마트였다. 무려 2,563억 달러(약 270조)의 매출을 올렸다. 이는 우리나라의 2004년 국가 총수출액 2,542억 달러보다 많다.

우리 기업은 어디에 서 있는가? 2004년 삼성전자는 수출액

57조를 달성해서 국내기업 중 가장 좋은 실적을 거뒀다. 최대기업이 이 정도니 세계 속의 우리 '대기업'은 아직은 초라하기 그지없다. 더욱이 우리는 이러한 세계적 기준의 대기업을 과연 몇 개나 갖고 있는가? 삼성전자만한 기업이 하나만 더 있었어도, 한국의 세계적 위상은 좀 달라질 수 있지 않았겠는가?

기업 규모가 커지면 무엇이 문제가 되는가? 물론 생산량이 많아지고 고용 규모가 더 커지는 것은 긍정적인 기여이다. 기업은 당연히 규모를 늘리면서 여러 방법으로 단위당 생산비용을 줄이려 한다. 따라서 경쟁력을 높이는 수단의 하나가 바로 규모의 확장이다. 규모를 증가시킴에 따라 평균생산비용이 하락하는 것을 규모의 경제라고 했다. 규모의 경제가 발생하면 생산용량이 많은 기업이 경쟁에서 우위에 서게 된다.

그러나 규모가 큰 기업일수록 시장에 미치는 영향력도 크다. 기업이 시장에 미치는 영향력을 시장지배력(market power)이라고 한다. 그러니까 규모의 확장은 시장지배력을 확보하기 위한 수단이 되는 셈이다. 물론 생산량을 무한히 늘릴수록 생산비가 지속적으로 줄어드는 것은 아니다. 일정 수준이 넘으면, 규모가 오히려 부담이 될 수도 있다. 또한 시장지배력이 커지면 소비자에게 피해를 줄 수도 있다. 인위적으로 가격을 올리거나 물량을 조절하고, 소비자에게 불리한 조건의 거래를 강요할 수도 있다. 특정한 물건과 끼워서 판매할 수도 있고, 신규 기업의 진입을 의도적으로 방해할 수도 있다. 공정한 경쟁을 방해할 가능성이 높아지는 것이다. 이렇게 되면 소비자의 보호와 공정한 경쟁을 위한 정부규제의 필요성이 등장한다. 그러나 시장경쟁이 치열하고 소비자에게 불공정한 거래를 강요하지 않는 한, 대기업을 규제할 명분은 없다.

독점에 대한 규제가 가장 엄격한 미국에서도 이런 논리는 마찬가지다. 록펠러(John Davison Rockefeller)에 의해 1882년 스탠더드 오일(Standard Oil Company)의 일부로 설립된 엑슨(Exxon mobil Corporation)은 설립 후 사세를 확장해 나가다가 1911년에는 대법원에 의해 34개 회사로 분할명령을 받은 바 있다. 벨(Bell)이라는 이름으로 유명한 통신회사인 AT&T도 1984년 분할명령을 받아 8개로 분사된 적이 있다. 마이크로 소프트도 최근 분사의 위기에서 벗어나지 않았는가. 미국의 독점규제 사례에서 한 가지 간과해서는 안 될 부분은 그것이 독점에 의한 시장 지배력을 규제한 사례일 뿐 기업 규모 자체를 억제한 정책은 아니었다는 점이다.

기업을 단지 규모가 크다는 이유 하나만으로 규제하는 것은 바람직한 접근이 아니다. 우리 기업도 외국의 초거대 기업과 국내외에서 경쟁해야 하는 숙명적인 처지에 놓여 있지 않은가. 이미 국내시장에서도 글로벌 경쟁은 시작되었다. 자동차는 물론 전자제품이 모두 세계 일류 기업과 경쟁하고 있다.

기업은 정부가 규제하지 않아도 스스로 적정한 규모를 찾아가는 속성을 갖고 있다. 기업 규모가 확대될수록 생산성 증대와 비용절감 효과가 영구히 지속되는 것은 아니기 때문이다. 적정한 기업 규모는 시장 규모, 기술 수준, 공급 여건 등 경제환경에 의해 결정된다. 주어진 기술 수준과 생산 요소의 부존 상태에 의해 기업의 생산능력은 제한받게 되며, 이에 따라 기업 규모도 제약을 받게 된다. 생산능력의 제약은 주로 기술적 요인에서 비롯되며 규모의 경제와 직접 연결되어 있다. 기업 규모가 방대하고 위계조직이 확대되면 정보의 유통과 관리 면에서 손실이 발생하고 내부조직 간의 이해갈등이 나타날 수도 있다.

또한 기업 내부조직 간의 조정비용(coordination cost)이 기업 규모를 제약하게 된다. 기업 규모가 어느 정도 이상으로 확대되면 기업 내부의 거래도 복잡하고 다양해지므로 효율적인 운용이 어렵게 된다. 특히 기업 내부 조직 간에 거래를 조정하고 이해관계를 절충하는 과정에서 많은 비용이 유발된다. 이러한 조정비용의 증대가 결국 기업 규모를 제약하는 요인으로 작용한다. 기업 규모는 이런 이유로 인해 무한대로 확장될 수는 없다.

실제 기업들은 경영하기 유리한 환경을 찾아 국경을 넘나든 지 오래다. 최근 우리 기업들도 글로벌 기업들과 경쟁에서 살아남기 위해 이 대열에 동참한 상태다.

2005년 5월, 현대자동차는 미국 앨라배마 공장 준공식을 위해 전세기 3대를 띄웠다. 행사에 초청된 4,000명을 실어 나르기 위해서였다. 10억 달러가 투자된 이 공장은 210만 평 부지에 연간 30만 대의 생산능력을 보유하고 있다. 한국 기업이 생산공장을 미국에 세우다니 현지인들에 대한 인건비는 어떻게 감당할 것인가? 그리고 만일 현대자동차의 이와 같은 시도가 성공적으로 평가된다면 국내 생산기지의 탈 한국화가 촉발되지는 않을까?

인건비 걱정은 기우라는 것이 기업측 설명이다. 원-달러 환율이 1,200원대에서 1,000원대로 하락해 원화로 환산했을 때의 임금은 오히려 미국 근로자가 낮다는 것이다. 원화절상의 효과를 톡톡히 보고 있다는 설명이다. 이뿐 아니라, 현대자동차 국내 노동자들의 평균 근속기간이 11년인 것에 비해 앨라배마 노동자들은 초임 노동자이며 교육훈련비는 앨라배마 주정부에서 지급하기로 했다니 임금 걱정은 덜어도 된다.

생산성 측면에서도 장밋빛 전망이 이어지고 있다. 현대자동차 국내공장에서 쏘나타 1대를 생산하는 데 걸리는 시간이 20시간임에 비해, 현재 앨라배마 공장에서는 17시간이 소요되며 오는 8월에 2교대가 실시되면 14시간으로 단축될 것이라는 분석이 나오고 있다. 상대적으로 높지 않은 임금에 높은 생산성이 기대되니 이 정도면 얼마나 기업 하기 좋은 상황인가.

현대자동차뿐 아니라 국내외를 막론하고 제조업체들은 더 좋은 기업환경을 위해 생산기지를 찾는 데 혈안이 돼 있다. 세계 유수 기업들이 투자하고 있는 아일랜드는 이런 시대상황을 잘 이용한 덕분에 국부가 증대한 대표적인 나라다.

'동이 트기 직전이다(Before the dawn).' 이는 어느 증권회사 보고서에서 현대자동차 앨라배마 공장을 비유적으로 표현한 말이다. 공장이 가동되는 것을 새로운 해가 뜨는 것에 빗대면서, 생산공장을 미국 현지에 세운 것은 대단히 잘한 결정이라는 의미가 함축돼 있다. 상황이 이쯤 되면 우리도 기업을 보는 시각을 조금 바꿀 필요가 생기는 게 아닐까? 기업을 규모가 크다는 이유만으로 규제하는 게 아니라 미국의 앨라배마 주정부처럼 기업을 '모시기' 좋은 환경을 제공해야 하지 않겠는가.

노키아와 삼성전자

노키아(Nokia)의 요르마 올릴라(Jorma Olilla) 회장은 핀란드의
잭 웰치로 불린다. 전임 CEO가 노키아의 부실에 대한 책임으로
불명예 퇴진한 후, 구원투수로 등장해 노키아를 세계적인 기업
으로 성장시켰기 때문이다. 전문가들은 노키아의 성공요인으
로 핀란드 정부의 전폭적인 지원, 세계적인 기업을 향한 국민
들의 호응, 노키아의 자체적인 노력 등을 꼽는다. 즉 이런 요소
들이 어우러져 '노키아 신화'를 만들 수 있었다고 분석한다.

북구(北歐)의 작은 나라인 핀란드는 자일리톨과 산타마을, 그
리고 노키아로 유명하다. 노키아가 핀란드에서 차지하는 경제
적 집중도는 더욱 유명한데, 이 회사는 2000년대 초반에 들어
와서 핀란드 주식시장 시가총액의 60%, 전체 고용의 5%, 연구
개발비의 45%, 수출액의 24%, GDP(국내총생산)의 30% 가량을
각각 차지하고 있다. 노키아는 인구 600만 명의 작은 나라에 있
는 민영기업이지만 사실상 국영기업이나 다름없는 비중을 갖
고 있다. 이 때문에 휴대폰의 사회적 영향을 연구하는 핀란드
사회학자 파시 맨파(Pasi Maenpaa)는 노키아를 일컬어 '국가 안
의 국가'라고 평가했다.

노키아와 비교할 수 있는 우리 기업으로는 삼성전자를 꼽을

수 있겠다. 삼성전자는 휴대폰 업종에서는 노키아와 세계적인 경쟁을 하고 있으며 반도체나 기타 전자제품에서도 지속적인 성장을 이어가고 있다. 삼성전자는 이러한 성과를 바탕으로 2004년 말 기준으로 GDP의 8.3%, 수출총액의 16.4%, 시가총액의 17.7%를 차지하기에 이르렀다. 대단한 수치임에는 분명하나, 핀란드의 노키아가 차지하는 위상에는 아직 미치지 못한다.

노키아에 대한 핀란드 국민들의 애정은 각별한 것으로 알려져 있다. 자국이 배출한 세계적인 기업에 대한 존경심도 상당하다. 이와는 대조적으로 삼성을 보는 우리 국민들의 시각은 상이하다. 왜 그러한가?

우리 국민들의 대다수는 재벌에 대한 부정적인 시각과 함께 경제력집중을 억제해야만 중소기업이 발전하고 경제의 선진화가 달성될 수 있다고 믿고 있다. 과연 대기업과 재벌에 의한 경제력집중은 얼마나 심각한 것이며, 경제의 선진화를 위해 경제력집중을 시급히 규제해야만 하는가?

실제로 우리 산업은 중소기업은 영세하고 대기업은 상대적으로 큰 불균형적인 구조를 띠고 있다. 따라서 재벌과 대기업의 성장을 인위적으로 규제하고 중소기업을 발전시켜야만 경제가 선진화될 수 있다는 논리에 쉽게 빠질 수 있다. 나아가 일부 재벌에게 집중된 경제구조를 분산시키기 위해 강제분할과 같은 명령이 필요하다고 지적하기도 한다. 그러나 이러한 국민정서 역시 글로벌 감각이 부족하고 경제적 논리보다는 감정에 치우친 오류라는 것을 지적하지 않을 수 없다. 우리나라의 경제력집중은 선진국과 비교하여 높지 않으며, 대기업의 규제를 통해 중소기업이 발전할 수 있다는 시각도 잘못된 것이기 때문이다.

우선 상위 10대 기업이 GDP에서 차지하는 비중으로 경제력집중을 평가하면, 우리의 경제력집중도는 29% 수준이다. 그러나 국민소득 1만 달러가 넘는 OECD 23개국의 평균집중도는 33%에 이르고 있다. 물론 미국과 일본은 각각 12%와 21%로 우리보다는 낮은 집중도를 보이고 있지만, 독일과 영국, 프랑스 등은 모두 30~35% 수준의 경제력집중도를 나타내고 있다. 상위 20대 기업을 비교 분석한 자료에서도 유사한 결과를 얻을 수 있다. 특히 경제 규모가 작은 스웨덴, 핀란드, 네덜란드 등과 비교하면 우리나라의 경제력집중도는 결코 심각한 수준이 아니다.

1인당 GDP와 경제력집중도의 상관관계를 비교 분석하면, 1인당 소득이 3만 달러 수준에 이를 때까지는 오히려 경제력집중도가 높아지고 3만 달러 이상을 달성한 후부터 감소하는 경향을 나타낸다. 따라서 우리 경제가 선진국의 패턴을 따라간다면 경제력집중은 당분간 더 높아질 수도 있다는 가능성을 보여주고 있다.

물론 중소기업의 역할은 아무리 강조해도 지나치지 않다. 그러나 대기업을 규제하거나 경제력집중을 억제해야만 중소기업이 발전할 수 있다는 시각은 교정되어야 한다. 실제로 중소기업의 매출은 대부분 대기업에 의존하고 있다. 중소기업 매출의 53%는 대기업에 대한 매출로 구성되어 있다. 대기업의 성장이 정체된다면, 중소기업의 매출도 감소할 수밖에 없는 상호의존적 구조를 갖고 있는 것이다. 대기업은 분할시키고, 중소기업만으로 2만 달러의 성장을 달성할 수 없는 것이다. 따라서 중소기업과의 적절한 관계설정과 상호보완적 발전이 중요하다.

경제력집중에 대한 지나친 우려와 비대칭적인 대기업 규제는 오히려 우리 기업의 글로벌 경쟁력을 저하시킬 수 있다. 선진국의 초일류 기업과 부단히 경쟁하고 있는 국내기업에 대한 비대칭적인 규제는 당연히 국내기업의 성장을 저해하고, 국외시장으로의 탈출을 촉진하여 장기적으로 국내시장의 공동화를 야기하게 될 것이다.

물론 경제력이 소수에게 집중되면 부(富)의 불균등한 분배가 심화되어 사회적 형평이 왜곡된다. 나아가 사회적 안정을 저해하는 요인이 될 수도 있다. 특히 동질성이 강한 우리 사회에서는 좀처럼 부의 상대적 격차를 불가피한 현상으로 받아들이려 하지 않는다. 실제로 우리처럼 모든 국민이 동일한 언어, 역사, 문화, 그리고 심지어는 경제적 수준까지도 동질적인 국가를 세계에서 찾는다는 것은 쉬운 일이 아니다. 또한 과거 기업집단의 성장이 정경유착으로 얼룩진 특혜와 비리 속에 이루어진 사실을 부정적으로 보는 시각도 많다.

그럼에도 불구하고 개혁의 목표는 항상 글로벌 경제에서 초일류 기업을 육성하는 것에 초점을 맞춰야 한다. 따라서 불공정 거래와 정경유착, 소수 대주주의 전근대적인 행태 등은 당연히 개선되어야 한다. 재벌의 행태도 글로벌 스탠더드에 적합하게 변화되어야만 한다. 그러나 우리 경제에서 경제력집중을 억제해야만 선진화를 달성하고, 중소기업의 육성을 위해서 대기업의 규모를 규제해야 한다는 시각은 고쳐져야 한다.

핀란드 국민들이 '경제력집중'을 억제해야 한다고 생각했더라면 노키아가 과연 지금과 같은 성공을 거둘 수 있었겠는가. 우리의 높은 교육열과 저력을 생각할 때, 경제력집중에 대한 생각을 조금만 달리 한다면 제2, 제3의 노키아를 만들 수도 있지 않겠는가.

03 하노이의 오각형 집과 '창문세' 효과

법인세를 인하하면 누가 가장 큰 혜택을 보게 될까? 우리나라의 법인세율은 25%로 홍콩과 싱가포르의 16%와 22%에 비교해서 높은 수준이다. 그러나 일본과 미국의 30%와 35%에 비교하면 더 낮다. 최근 '기업 하기 좋은 나라'를 만들겠다는 정부정책의 일환으로 법인세 인하가 거론되면서 국내여론은 대부분 기업에게만 혜택이 돌아간다는 비판적 시각이다. 실제로 일반 국민들을 대상으로 한 여론조사에서도 법인세 인하는 기업에게만 혜택을 주는 정책이라는 국민정서가 주류를 이루었다. 과연 법인세 인하는 누구에게 혜택을 주는 정책일까?

베트남의 하노이에 가면 모든 집들이 도로에 인접한 면은 좁고, 그 뒤로는 길게 만들어 뾰쪽한 직사각형이나 오각형 모양을 하고 있다. 집들의 형태가 왜 이렇게 좁고 길게 정착된 것일까? 국토가 좁기 때문에 효율적 사용을 위한 지혜에서 비롯된 것일까. 가장 설득력 있는 설명은 재산세 때문이라는 것이다. 도로에 인접한 길이가 얼마냐에 따라 세금이 결정되기 때문에 왜곡된 집 모양이 등장했다는 것이다.

이와 비슷한 예는 '창문세'에서도 발견된다. 1696년 영국에서는 유리창의 수와 크기에 따라 건물의 세금을 결정하는 '창문세'가 도입되었다. 유리가 귀한 당시로서는 집의 크기보다 유리창의 수에 따라 호화주택 여부를 평가했고, 창이 많을수록 높은 세금을 부과했던 것이다. 유리창은 일종의 사치재였던 것이다. 따라서 유리창이 많으면 '호화주택'이므로 많은 세금을 부과하는 기준으로 입법화되었던 것이다. 호화주택을 가진 사람들에게 높은 세금을 부과하자는 정책이었다.

유리창 세금의 여파는 어떻게 나타났을까? 집집마다 유리창을 부수고 벽돌로 창문을 메웠으며, 각 성(城)마다 창문을 줄이는 대대적인 공사가 벌어졌다고 한다. 당시에 건축된 성에는 왜 그렇게 작은 유리창이 몇 개밖에 달리지 않았는가를 쉽게 알 수 있다. 세금부과의 목적은 호화주택에 대한 중과세였지만, 세금의 기준이 되는 창문만 줄이면 세금을 회피할 수 있기 때문이다.

그런데 유리창을 기준으로 호화주택에 부과된 세금은 궁극적으로 누가 부담해야 했을까? 경제활동에는 어떤 파급효과를 가져왔을까? 주택에 부과한 세금은 모두 주택소유자가 부담하는 것처럼 보인다. 창문 수에 따라 부과되었으므로, 창문을 많이 갖고 있는 사람이 세금을 내게 되기 때문이다. 그러나 창문이 많았던 집들은 세금을 회피하기 위해 창문을 줄였다. 이 결과 창문에 대한 수요가 급격히 줄었고, 세금의 여파는 집주인이 아니라, 유리창을 생산하는 기업에게로 전가되었다. 유리창 세금의 여파로 생산업자는 분명 줄줄이 도산했고, 많은 근로자가 일자리를 잃었으며, 유리 문화는 상당기간 정체되었다. 호화주택을 규제하자는 본래의 목적과는 달리 세금은 오히려 유리창 생산업자에게 큰 타격을 주었고, 이것은 다시 일자리를 줄이고 가계소득을 감소시켜 경제에 큰 부담을 주게 되었다.

특정한 재화나 서비스에 세금을 부과하면 소비자는 두 가지 형태의 반응을 나타낸다. 아무리 세금이 높아도 할 수 없이 '유리창을 달' 수도 있지만, '창문을 모두 없애버릴' 수도 있다. 창문이 사치재라면 소비자는 창문을 없애는 쪽을 택할 것이고, 필수품이라면 창문을 그대로 놓아두는 대신 높은 세금을 낼 것이다. 많은 창문업자가 도산했던 것은 당시의 유리창이 역시 사치재였기 때문이다. 사치재에 대한 소비세의 부과는 결과적으로 기업에게 많은 짐을 떠안겼고, 그것은 다시 근로자와 가계소득의 감소로 이어졌다. 반대로 필수품에 대한 세금의 부과는 수요자에게 많은 부담을 지운다. 이런 현상을 '세금의 전가'라고 말한다.

기업에게 법인세를 더 많이 부과한다고, 그 세금을 모두 기업이 부담하는 것은 아니다. 세금을 감면할 경우에도 마찬가지다. 세금 감면이 모두 기업가에게만 혜택을 주는 것이 아니다. 세금의 혜택은 사회 구성원들에게 돌아가게 된다. 절감된 세금으로 기업은 투자를 확대하고 고용을 창출하며, 가계소득을 증가시킬 수 있다. 기업의 내부유보(內部留保)를 확대시켜 재무구조를 건실화시킬 수도 있는 것이다. 물론 정부의 세입 부족은 다른 형태로 메워져야 하며 법인세 인하의 효과를 분석해야 할 것이다. 그러나 분명한 것은 법인세 인하가 기업에게만 혜택을 주는 것은 아니다.

'부실기업 구제론'의 실익

IMF 외환위기 이후 우리 경제가 경험한 가장 큰 과제 가운데 하나는 부실기업의 처리 문제였다. 오랫동안 고도성장에 익숙했던 우리 경제는 부실기업을 효율적으로 정리하는 모델을 정립하지 못했다. 대부분의 국민정서는 기업이 부실화되면 어떤 형태로든 살리는 것이 바람직하고, 그렇게 처리하는 것이 사회적 비용도 적게 든다는 인식이 많았다. 따라서 기업이 부실화되면, 노동조합에서는 우선 매각을 반대하고, 고용보장을 요구하며, 정부에 구제금융이나 국유화를 요청하는 것이 관행으로 정착되어왔다. 그러나 과연 이러한 국민정서가 부실기업을 효율적으로 처리하는 데 얼마나 도움이 되는 것일까?

1997년 이후 지난 8년간 이루어진 부실기업의 처리과정을 보면, 그 대답은 명확해진다. 공적자금 투입으로 국유화된 금융기관의 매각과 부실기업의 정리는 우리 경제의 미래를 좌우할 중요한 현안으로 부상하고 있다. 효율적인 매각은 경제의 선진화에 기여할 수도 있고 반대로 과거의 관행을 되풀이하여 사회적 비용만 증가시킬 수도 있기 때문이다. 실제로 지난 시절의 부실처리 과정을 살펴보면 전자보다는 후자에 대한 우려가 훨씬 더 크다. 아직도 부실기업을 효율적으로 처리하는 모델을 정착시키지 못했기 때문이다.

정치인과 근로자는 물론이고 여론을 주도하는 일부 계층마저도 부실기업 처리의 사회적 비용에 대한 인식이 부족하다. 부실기업의 매각은 국부 유출과 고용불안을 야기하고, 산업기반을 와해시키며 특정 기업에 특혜를 주는 헐값 매각이라고 주장한다. 아니면 일정기간 내에 회생할 수 있다고 미래의 잠재력을 호소한다. 결국 총파업이 단행되고 정치권과 합세해 국유화를 지지하거나 국민기업으로의 육성을 내세운다. 이런 과정을 거쳐 표를 의식한 정치적 결정이나 집단 이기주의에 밀려 왜곡된 주장이 수용되는 경우가 많았다.

조흥은행은 물론 대우자동차와 한보철강 등이 모두 이런 과정을 답습했다. 대우자동차의 사례를 구체적으로 살펴보자. 70억 달러 이상을 제시받은 1차 입찰이 헐값 매각반대에 부닥쳐 무산되고, 법정관리 2년 후에 겨우 20억 달러를 받고 팔았다. 그 기간 중 신규로 수혈된 공적자금만도 1조 7,000억 원에 달했으니 얼마나 손실이 컸는가. 조기에 제대로 매각했다면 엄청난 사회적 비용을 줄일 수 있었다. 이것은 결코 특정 기업에 한정된 현상이 아니다. 기아자동차와 대한생명, 한보철강 등에서도 그대로 나타났다.

기업 가치는 시간이 흐른다고 저절로 상승하는 것이 아니다. 한번 부실화된 기업의 시장가치는 오히려 포물선의 하향곡선처럼 빠른 속도로 떨어지기 쉽다. 좋은 인재가 빠져나가고, 투자자가 외면하고, 소비자의 신뢰를 잃고, 돈을 빌려준 채권자미지도 조기에 회수하기 때문이다. 시간이 흐를수록 악화(惡貨)

만 남고 양화(良貨)는 떠나는 그레셤의 법칙(Gresham's law)이 작동한다.

공적자금이 투입된 금융기관이라고 이 법칙의 예외일 수는 없을 것이다. 어떻게 이런 악순환에서 탈출할 수 있을까? 모멘텀(momentum)을 만들어 패러다임을 바꾸는 획기적인 구조개혁이 필요하다. 그런 개혁을 실시하려면, 시장에서 조기에 매각하여 주인을 바꾸고 새롭게 시작하는 전기가 필요한 것이다. 정치논리에 휘말려 매각 지연이 되풀이된다면 경쟁력은 낙후되고 미래의 사회적 비용만 늘어날 수밖에 없다.

이러한 교훈에도 불구하고 부실기업의 처리에 대한 국민정서는 아직도 쉽게 바뀌지 않고 있다. 경기의 부침에 따라 앞으로도 부실기업은 수시로 등장할 수밖에 없다. 우리 경제가 얻은 부실기업 처리의 교훈은 가급적 시장에서 빨리 정리하는 것이 사회적 비용을 최소화한다는 사실이다. 부실기업의 정리는 단기적으로 고용을 감축하고, 국민 경제적 손실을 유발하는 것처럼 보일 수 있다. 그러나 장기적 관점에서 보면, 부실기업 처리의 지연이 오히려 더 엄청난 사회적 비용을 유발한다는 사실을 잊어서는 안 된다.

PART 6

글로벌 경제, 글로벌 마인드

01 불확실성과 역동성이 커지는 경제

21세기 세계경제의 특성은 두 마디로 요약될 수 있다. 불확실성(uncertainty)과 역동성(dynamics)이다. 왜, 이러한 특성이 나타난 것일까? 과거와는 달리 세계시장이 이제 하나로 통합되고 있기 때문이다. 우선 국가 간의 제도적 장벽이 크게 완화되었고, 국경을 넘나드는 기술도 비약적인 발전을 해왔다. 인류가 경험했던 3대 혁명의 하나라는 인터넷만을 비교해도 이러한 변화는 바로 알 수 있다. 유목민들이 정착해서 농업을 시작한 것이 첫 번째 혁명이고, 농업을 기계로 바꾼 것이 산업혁명이고, 세 번째가 바로 인터넷 혁명이라고 한다. '혁명'의 정의는 차치하고, 인터넷은 세상을 사이버 공간을 통해 하나로 열어놓았다. 시장은 국내의 지역 시장에서 세계의 글로벌 시장으로 바뀌었다. 서울의 고객을 찾는 것이나, 워싱턴의 고객을 찾는 것이 무슨 차이가 있는가. 마케팅뿐만이 아니다. 자본도, 기술도, 시장경쟁에서도 이제는 글로벌 플레이어(global player)가 지배하는 세상으로 바뀌어버렸다.

이런 글로벌 환경에서 누가, 어느 곳에서 자신의 경쟁자로 등장할지 알 수 없게 되었다. 다시 말해 미래의 잠재적인 경쟁자가 누구인지를 파악하기 어렵게 되었으니, 자연히 시장의 불확실성은 더 높아지게 됨 셈이다. 동시에 수없이 많은 역동적 변화가 나타나고 있고, 지구촌 어느 구석에서 사건이 터져도 우리 시장에 큰 영향을 주고 있다. 이런 환경에서 과연 어떤 준비를 해야 하는가. 어떻게 대처해야만 글로벌 경쟁의 벽을 넘어 풍요로운 21세기의 한국을 만들 수 있을 것인가.

경제발전의 단계에 따르면 국가경쟁력의 원천도 지속적으로 변화한다. 초기 발전 단계에서는 자연자원이 기반이 되지만, 다음 단계는 노동력, 자본과 기술, 정보 등의 단계를 거치며 국민소득이 올라가게 된다. 그러나 경제발전의 최종단계는 결국 시스템이 경쟁력을 갖고 있어야만 달성될 수 있다고 본다. 시스템이란 사회 전체를 구성하고 정치, 경제, 사회의 모든 부문을 포함한 개념이다. 다시 말하면 모든 부문에서 경제의 선진화를 뒷받침해줄 수 있는 기반이 마련되어야지, 몇 개 소수만으로는 선진국의 벽을 뛰어넘을 수 없다는 것이다.

시스템은 사회 전체를 포함하는 것이지만, 시스템을 형성하는 가장 핵심적인 요소는 결국 국민들의 의식과 정서가 아니겠는가. 글로벌 경쟁에서 살아남을 수 있는 제도를 구축하는 데 국민들이 인식을 같이 해야만 가능하다. 잘사는 나라들의 비결을, 시장경제의 흐름을, 미래의 경쟁력이 어디서부터 형성되는가를 우리 모두 알고 있어야만 한다. 1960년대 이후 40년간 지속된 이 땅의 축복을 한 단계 더 승화시킬 수 있는 패러다임 (paradigm)을 우리 사회가 공유해야만 할 것이다.

02

빚의 함정에 빠진 경제

외환위기 이후 우리 경제는 아직도 빚의 함정(debt trap)에서 헤어나지 못하고 있다. 단기외채에 몰려 빚의 함정에 빠진 우리 경제는 아직도 모든 경제주체가 빚으로부터 자유롭지 못하다. 단기외채는 많은 기업의 부실화를 불러왔고, 이 빚은 다시 기업에서 금융권으로 이전되었으며, 금융권에 공적자금을 투입한 정부의 부담으로 이전되었다. 구조조정을 겪은 가계부문은 명퇴와 감원으로 찌들려 소득감소와 부채증가로 신용불량자가 급속히 증가하는 빚의 확산을 경험하고 있다. 이렇게 보면 비록 외환위기에서 벗어났다고는 하지만 경제 내부에서 주머니만 바꿔가며 빚의 규모는 줄어들지 않고 있다.

실제 한국은행은 2004년 말 가계 빚이 사상최고인 465조 원에 이르렀다고 밝혔으니, 외환위기가 발생했던 1997년의 211조 원과 비교할 때 2.2배에 이르는 수치로 증가했다. 가구당 빚도 평균 3,000만 원을 넘어섰다. 빚의 함정에 빠진 경제의 모습이 확연히 드러난다. 이런 환경에서 어떻게 빠른 회복을 기대할 수 있겠는가. 부채의 부담으로 투자와 소비가 쉽게 활성화되기 어려운 구조적 불안을 극복하는 일이 쉬워 보이지 않는다.

혹자는 공적자금을 투입하면 문제가 없다고 생각할지도 모른다. 그러나 공적자금은 또 다른 빚을 만드는 것일 뿐 문제를 근본적으로 해결해주지 못한다. 그렇다고 외부로부터 조건 없는 수혈을 기대할 수도 없다. 결국 빚의 함정에서 탈출하는 방법은 두 가지 길뿐이다. 남미에서 등장했던 것처럼 천문학적인 인플레이션을 유발하던가 아니면 우리 기업이 흑자를 내야 한다. 화폐를 1,000:1로 평가절하한다면 쉽게 인플레이션을 불러와 빚의 명목가치를 크게 낮출 수 있을 것이다. 그러나 인플레이션은 빚의 명목가치를 저하시키는 편리한 방법이지만, 사회적 비용이 너무나 크다. 그렇다면 유일한 대안은 기업이 흑자를 내도록 유도하는 것이다. 기업의 흑자는 금융권의 수익을 증대시켜 공적자금의 회수를 쉽게 만든다. 고용과 투자를 확대시켜 가계부문의 부담도 완화시켜준다. 정부와 가계가 빚의 함정에서 헤어날 수 있는 유일한 길이다.

기업의 흑자를 유도하려면 우선 기업환경을 획기적으로 개선시켜야 한다. 이것은 동북아시아 허브의 기본조건이 되기도 한다. 그러나 그런 여건을 만들기 위해서는 먼저 기업과 시장에 대한 국민들의 바른 인식이 필요하다. 국민정서가 제대로 기업을 이해하고 시장의 흐름을 수용하는 글로벌 마인드를 가져야만 경제의 패러다임을 바꿀 수 있는 것이다. 반기업적인 사고와 반시장적인 정서로는 선진국의 꿈도 동북아시아 허브 건설도 모두 허황된 꿈으로 전락할 것이다.

'기업환경'이 바로 경쟁의 대상

우리 경제가 침체에서 벗어나기 위해서 당장 필요한 요소는 무엇인가. 역시 기업투자를 활성화시키는 것이다. 그러나 경제성장의 동력인 투자자본은 오히려 외국으로 이탈하고 있다. 게다가 최근에는 해외 여건도 심상치 않다. 고유가와 원화강세로 인해 경상수지의 흑자폭이 빠른 속도로 줄어들고 있다. 미국 달러화에 큰 영향을 받는 금융시장의 불안정도 우려할 만한 수준이다.

무엇이 기업의 투자를 가로막고 있는 것일까. 물론 불확실한 외부요인이 많은 것도 사실이다. 북한을 둘러싼 지정학적인 위험과 세계경제의 불안정이 우리 경제에 큰 영향을 미치고 있기 때문이다. 이에 더해 '외교전쟁'으로 이어지는 주변국과의 정세는 불안하기 그지없다.

그러나 보다 더 심각한 문제는 우리 내부에 자리잡고 있다. 새 정부가 출범한 지 3년이 됐지만 여전히 정책의 일관성이나 안정성은 좋은 평가를 받지 못하고 있다. 부동산 투기를 막겠다면서 행정수도 논란으로 시장을 혼란시키고 있고, 판교도 '제2의 로또'처럼 투기가 극성을 부릴 것 같다.

노동정책도 여전히 미궁이다. 정부는 노동시장의 규범을 두고 '국제적인 수준(글로벌 스탠더드)에 맞춘다'고 하지만 아직은 갈 길이 멀기만 하다. 경기 부양과 법인세 감면도 혼선을 거듭하고 있다. 몇 년 동안 수많은 전문가가 참여하여 겨우 틀을 마련한 정책들도, 한마디로 '원점에서부터 다시 토론하자'고 한다. 외국인 투자유치와 동북아시아 허브 건설을 주장하면서도, 실제 기업 여건은 더욱 악화되었다는 평가가 많다. 도대체 어디에서 정책의 일관성과 신뢰를 찾을 수 있으며, 기업가가 무엇을 믿고 투자하기를 바라겠는가.

이런 환경에서 투자자가 원하는 가장 중요한 핵심은 무엇일까? 역시 시장친화적인 정책을 일관성 있게 추진하느냐는 것이다. 시장은 말로만 움직일 수 없다. 내가 투자하면 이윤을 창출할 수 있다는 확신을 심어주어야만 움직인다. 지금은 제품이 경쟁하는 시대에서 기업 여건이 경쟁하는 시대로 변화하고 있다. 기업들은 어디에 수출할 것인가를 고민하지 않는다. 공장을 '어디로 옮겨서' 제품을 만들 것인가를 고민하고 있다. 국내 기업의 고민도 마찬가지다. 요즘 같은 여건에서는 당연히 해외투자를 먼저 생각하는 것이다. 우리보다 기업 여건이 좋은 곳이 얼마나 많은가. 지금은 글로벌 경제다. 세계는 넓고 투자할 곳은 너무나 많다.

그럼에도 불구하고 관료나 정치인들은 아직도 이런 변화를 정책에 반영하지 못하고 있다. 국민정서도 형평이나 균형을 강조할 뿐 글로벌 마인드와는 아직 거리가 멀다. 실제로 부처마다 1960~1970년대의 정책 패러다임을 그대로 답습하고 있는 경우가 허다하다.

대기업에 대한 규제도, 부동산정책도, 중소기업의 육성도 40년 전의 패러다임이 그대로 적용되고 있다. 기업은 항상 규제를 해야만 하는 대상이고, 생산적인 투자마저도 이런저런 이유로 자유롭지 못하다. 기업가들의 마음을 움직이지 못하고, 신뢰를 심어주지 못한다면, 투자는 결코 늘어나지 않는다. 이 땅이 아니라도 좋은 조건으로 투자할 곳이 너무나 많기 때문이다.

금리가 문제가 아니다. 재정 지출이나 세금 감면이 문제가 아니다. 근본적으로 시장을 보는 눈이 달라져야 한다. 국제적 규범과는 동떨어진 노동시장, 경직된 규제, 조령모개(朝令暮改)식으로 오락가락하는 정책 속에서 투자를 단행할 용감한 기업가를 어떻게 찾을 수 있겠는가.

우리도 글로벌 경쟁 속에서 기업환경이 가장 좋은 나라로 탈바꿈해야 한다. 그래야 국내기업도 우리 땅에 붙들 수 있고, 외국인 투자도 중국과 경쟁할 수 있다. 동북아시아 허브의 패러다임은 여기에서부터 시작되어야 한다. 지금은 제품뿐만 아니라 기업환경 자체가 글로벌 경쟁의 대상이 되고 있는 것이다.

03

이 땅을 떠나는 이유

최근 들어 이 땅을 등지고 떠나는 사람과 기업이 많이 늘어나고 있다. 물론 국내의 열악한 여건 때문이리라. 얼마 전 미국에서 안식년을 마치고 돌아온 동료의 체험담을 들어보자. 아이를 현지 고등학교에 보내려고 했는데, 입학허가가 나오지 않아 한동안 노심초사하다가 결국은 교장을 찾아가 하소연을 하게 되었다. 언제부터 미국고등학교에 보내기가 그렇게 어려웠단 말인가…… 그런데 고민을 털어놓는 것은 오히려 학교측이었다.

"한국계 학생은 3명 정도 받을 수 있는데, 이번 학기에 무려 1,000여 명이 지원했습니다."

도저히 믿을 수 없는 설명이었다.

뉴저지 주에 있는 L고등학교의 얘기다. 문제는 그 학교만 그런 게 아니란 것이다. 기숙사 시설이 있는 어지간한 사립고등학교들은 한국에서 몰려오는 조기유학생들로 행복한 고민에 빠져 있다. 1,000명이 몰렸다면 입학지원서 수입만도 10만 달러가 넘는데, 이런 학교가 한두 군데가 아니라고 한다. 정작 한국의 학교들은 재정난으로 허덕이는데, 외국 학교들은 한국 학생으로 호황을 누리고 있는 셈이다.

한국을 떠나는 흐름은 여기에만 그치지 않는다. 2004년 삼성

경제연구소에서 실시한 설문조사에 의하면 응답자 6,080여 명 중 74%가 '이민 고려중'이라고 대답했다. 그러니 홈쇼핑에서 캐나다 이민상품이 대박을 터뜨리는 것은 너무 당연하지 않은가. 중소기업에 대한 여론조사에서는 390여 개 기업 중 80%가 2년 또는 5년 이내에 해외로 진출할 수밖에 없다고 말하고 있다. 실제로 국내의 설비투자보다 해외투자가 더 크게 증가하는 현상도 수년째 지속되고 있다. 재정경제부에 따르면 2004년 기업과 개인의 해외 직접투자는 총 79억 4,000만 달러로 전해에 비해 37%나 증가하면서 사상 최대 수준을 기록했다.

사람과 기업만 한국을 떠나는 게 아니다. 지난 해 해외 이주비와 재산 반출, 증여성 송금 등 자본의 해외 유출을 보면 사상처음 200억 달러를 넘어섰다. 유학과 연수비용은 2003년에는 18억 달러, 2004년에는 25억 달러에 이르렀고 2005년 5월까지 12억 8,000달러가 해외로 유출돼 또다시 역대 최대치를 기록했다. 모두 전년보다 20% 이상의 급속한 증가율을 나타내고 있다. 미국 로스앤젤레스는 한국인들의 수요로 부동산 값이 급등했다고 한다. 최근에는 국내 증시에 투자한 외국자본마저 이 땅을 빠져나가는 비율이 높아지고 있다.

한국을 떠나려는 현상이 갈수록 심화되는 이유는 무엇일까. 표면적인 이유는 대부분 자녀 교육과 실업, 불안한 사회와 노후대책의 마련 등이다. 기업은 높은 임금과 노사불안, 규제 등으로 더 이상 국내에서 경쟁력을 확보하기 어렵다고 말한다. 그러나 탈(脫)코리아의 궁극적인 원인은 미래에 대한 불안, 개개인의 다양한 특성을 수용하지 못하는 사회정서, 자율과 창의

성을 억제하는 과다한 규제정책에서 비롯되고 있다.

　물론 탈(脫)코리아는 글로벌 경제에서 어쩔 수 없는 일시적 현상으로 치부할 수도 있다. 아직은 우리 경제에 큰 영향을 미치지 않는 것도 사실이다. 유학을 많이 보내 글로벌 인재를 양성하는 것도 매우 중요한 과제에 속한다. 그러나 시간이 흐르면 이것은 우리에게 큰 부담으로 작용할 수밖에 없다. 이런 현상이 구조적인 패턴으로 자리잡기 전에 한국을 매력적인 나라로 만드는 전략을 마련해야 한다.

　해외 유출을 엄격히 단속한다고 해결될 문제가 아니다. 그것은 오히려 글로벌 추세에 역행하는 것이다. 소외계층을 배려하되 부유층도 숨쉴 수 있게 하며, 부(富)가 국내에서 선순환될 수 있는 정책을 적극적으로 개발해야 한다. 대학만이라도 완전히 자율화해 다양한 입시제도를 개발한다면, 조기유학의 열풍은 쉽게 잠재울 수 있을 것이다. 기업의 해외 탈출을 막는 대안도 역시 획기적인 규제 철폐를 통한 시장자율에서 찾아야 한다.

　공자가 노나라의 혼란을 피해 제나라로 가던 중 무덤에서 슬피 우는 여인을 만나는 고사를 생각해보자. 그 여인은 가혹한 정치를 피해 산으로 숨었다가 가족 모두가 호환(虎患)을 입었음에도 '폭정이 호환보다 무섭다(苛政猛於虎)'고 말했다. 나라를 떠난다는 것은 누구에게든 쉬운 결정이 아니다. 그럼에도 불구하고 주변의 많은 사람과 기업이 모국을 떠나려 하는 마음을 진지하게 헤아려 보아야 한다. 사람과 기업과 자본이 빠져나가는 나라가 어떻게 부강해질 수 있겠는가.

04

대학을 숨쉬게 하자

우리의 교육현실은 참으로 암담하기만 하다. 실제로 2004년 스위스의 IMD(국제경영개발원)가 발표한 경쟁력 지표에서 한국의 대학교육은 60개 조사 대상 국가 중에서 최하위를 기록했다. 왜, 이런 결과를 얻게 되었을까? 혹자는 대학의 분발을 촉구하고, 고등교육의 혁신을 요구할 것이다. 스스로 경쟁할 줄 모르는 대학의 풍토 때문이라고 힐난할지도 모른다. 그러나 대학교육의 현실을 조금만 자세히 들여다보면 한국의 대학은 글자 그대로 사면초가(四面楚歌) 상태에 빠져 있음을 알 수 있다. 지금의 환경에서 문을 닫지 않고 남아 있는 것 자체가 신기할 정도다. 대학을 기업으로 가정할 때 현재의 구조에서는 도저히 세계적인 경쟁력을 갖출 수 없는 한계를 갖고 있다. 만약 대학이 경제논리에 따라 산업처럼 움직인다면, 이미 존립의 근거조차 찾아보기 힘든 상내에 있기 때문이다.

첫째, 한국의 대학은 스스로 필요한 인재를 자유롭게 선발하지 못하고 있다. 대학수학능력시험과 내신은 평준화 정책에 밀려 지원자의 학문적 수월성을 판단하는 자료로 미흡하기 짝이 없다. 지원자의 대부분이 전 과목에서 '수'를 받고, 대학수학능틱시험의 1등급도 과목별로 20%에 달하는 현실에서 어떻게 우수한 학생을 선별할 수 있겠는가. 정부의 규제에 묶여 사립대학이라 하더라도 본고사를 칠 수 없고, 고등학교별 성적을 특성화시켜 자료로 활용할 수도 없다. 대학이 스스로 원하는 학생을 자유롭게 뽑지 못하는 상황에서 어떻게 경쟁력을 기대할수 있겠는가. 이런 환경에서는 눈치로 지원을 잘하고, 요행으로 좋은 대학에 들어가는 풍토가 만연될 수밖에 없다.

대학마다 나름대로 다양한 기준으로 필요한 학생을 선발해 자유로운 경쟁을 추구할 때 글로벌 경쟁력이 길러진다. 대학이 학생을 자유롭게 선발할 수 없다는 것은 기업이 생산할 제품을 스스로 선택하지 못하는 것과 유사하지 않은가. 이런 기업이 어떻게 경쟁력을 운운할 수 있겠는가.

둘째, 정부의 규제로 대학재정이 지극히 취약한 상태에 있다. 등록금은 선진국의 3분의 1도 안 되는데, 사회에서는 선진국 수준을 기대하고 있다. 그렇다고 기부금이 풍족한 것도 아니다. 등록금을 조금이라도 올리기 위해서는 학생들의 '등록금 투쟁'을 극복해야 하고, 기여 입학은 아예 금지되어 있다. 대학의 학생선발 자율성과 등록금을 동시에 엄격하게 규제하는 나라는 세계 어느 곳에서도 찾아볼 수 없다. 사회주의권에도 이런 사례는 없는 것 같다. 대학에 대한 투자가 열악한 환경에서 어떻게 경쟁력을 찾을 수 있겠는가. 더욱이 이런 환경이 지난 수십 년 동안 누적되어 왔으니, 재정적으로 빈사상태에 빠진 것은 너무 당연하지 않은가. 그렇다고 정부가 재정지원을 확대하리라고 기대하기도 힘들다.

시간이 갈수록 경쟁력의 격차는 더욱 벌어질 수밖에 없을 것이다. 차라리 기여 입학을 허용하는 것이 훨씬 더 효율적이다. 정원 외로 제한적으로 운용한다면, 아무도 손해보지 않는 정책이다. 오히려 개인의 부(富)를 사회로 선순환(善循環)시킬 수 있음에도 불구하고, 남이 혜택을 보는 '꼴'을 참지 못하는 정서 때문에 실현되지 못하고 있다. 2% 정원 외 학생의 기여로 100%의 학생이 장학금으로 학교를 다닐 수 있다면, 누가 손해를 본단 말인가. 이것 역시 특정 계층에 대한 특혜와 형평에 위배된다는 국민정서의 함정에 빠져 탈출구를 찾지 못하고 있다. 그러는 사이 그 '특정 계층'은 모두 이 땅을 떠나고 있는 것이다.

셋째, 지원자의 감소현상이 대학의 위기를 가속화시키고 있다. 수험생의 절대 수가 급격히 감소하고 있을 뿐만 아니라, 중산층 이상의 자녀들은 너나없이 해외로 빠져나가고 있다. 서울시교육청 자료에 따르면 2004학년도에 해외로 조기유학을 떠난 서울지역 초·중·고등학교 학생 수는 사상 최대치인 1만 2,317명을 기록했다. 해외근무 파견동행 등의 유학생 수치가 감소한 반면, 유학을 목적으로 나간 학생 수는 34%나 증가했다. 한국은행은 2004년에 사교육비로 지출된 경비가 7조 9,000억 원에 달한다고 발표했다. 그러나 이 추정에는 개인과외나 그룹과외처럼 세금이 부과되지 않는 음성적 과외비가 적게 반영된 것으로 실제로는 더욱 많을 것으로 예상된다. 교육개발원 등에서는 총사교육비가 13조를 상회할 것으로 전망하고 있다. 같은 기간 교육부 전체 예산이 22조였으니 60%에 해당하는 액수가 '사적'으로 지출된 셈이다.

외국으로 나가려는 학생들은 증가하고, 그 결과로 인해 입학

정원을 채우지 못한 대학들이 급증하며, 미충원율이 30%가 넘는 대학이 상당수에 달하고 있는 것이다. 이런 환경에서는 당연히 구조조정이 활발히 이루어져야 한다. 그러나 대학의 구조조정은 형평과 균형의 논리에 밀려 엉뚱한 방향으로 흘러가고 있다. 경쟁력과는 관계없이 일률적인 정원감축을 요구하는 구조조정 정책이 어떤 결과를 가져오겠는가. 정원을 많이 줄이는 대학에 우선적인 지원이 이루어진다면, 스스로 문을 닫아야 하는 부실대학의 수명을 연장시켜주는 결과를 초래하게 될 것이다.

대학위기의 넷째 요인은 유능한 교수마저 한국을 등지는 현상이다. 공학이나 상경 계통의 유능한 교수들은 더 이상 한국 대학에 지원하지 않는 경향이 두드러지고 있다. 우선 한국 대학의 급여가 미국시장의 절반에도 미치지 못하고, 자녀의 교육 환경이 열악하여 귀국을 꺼려한다. 반면 교수에 대한 사회적 요구와 연구업적은 미국 대학 못지않게 경쟁적으로 강화되고 있다. 일부 분야에서는 이미 일류 교수의 채용을 포기했고, 국내에서 대학을 옮기는 전직이 오히려 대종을 이루고 있다.

이런 대학이 이런 위기에서 벗어날 수 있는 유일한 처방은 대학에 자율성을 되돌려주는 것이다. 정부는 항상 대학에 자율권을 부여한다고 말하지만, 그것은 모두 실현 불가능한 조건을 달성한 경우에 한한다는 조건이 붙어 있다. 정부가 대학에 대한 규제를 계속할수록 한국의 대학은 더욱더 하향 평준화되고, 글로벌 경쟁력과는 거꾸로 가게 될 것이다. 만약 정책목표가 대학의 하향평준화라면, 지금과 같은 정책을 지속적으로 실시해야 한다. 실제로 정부의 하향평준화 정책은 대학교육에서 상당히 성과가 있었다.

그러나 학생이 떠나고, 투자할 재원은 없으며, 유능한 교수마저 외면하는 대학에서 어떻게 수만 명을 먹여 살릴 수 있는 글로벌 리더를 만들어내겠는가. 기업과 비교해보자. 어떤 원자재를 투입하여 무엇을 생산해낼 것인가를 자율적으로 선택하지 못하고, 상품의 가격조차 결정하지 못하는 기업이 어떻게 시장에서 경쟁력을 갖출 수 있겠는가. 소비자가 떠나고 생산 기술자가 외면하는 기업이 어떻게 장기적으로 생존할 수 있겠는가.

우리 경제의 선진화를 위해 가장 절실한 것은 무엇일까? 사람마다 우선순위가 다르겠지만 경쟁력과 전문성을 갖춘 인재의 중요성을 부인하는 사람은 거의 없을 것이다. 한 사람의 인재가 1만 명, 10만 명을 먹여 살리는 시대에 살고 있지 않은가. 자원이라고는 사람밖에 없는 우리 현실에서 보면 인재의 중요성은 더욱 절실하다. 인재는 어떻게 길러지는가. 당연히 교육을 통해서 길러진다. 교육의 경쟁력이 없다면 경쟁력을 갖춘 글로벌 리더는 이 땅에서 길러질 수 없을 것이다. 교육이 살아나야 경쟁력 있는 인재가 배출되고, 그래야만 부가가치가 높은 산업이 이 땅에서 피어날 수 있다.

이제 대학을 보는 국민들의 정서가 선진화되어야 한다. 대학을 글로벌 시각에서 평가하고, 대학정책이 국민정서의 함정에서 하루 빨리 빠져나와야 한다. 국민정서 때문에 왜곡된 대학정책이 나라 전체의 모든 부문에서 엄청난 비효율과 사회적 비용을 만들어내고 있다.

05

노사관계의 글로벌화

글로벌 마인드가 절실하게 필요한 또 하나의 영역은 바로 노사 부문이다. 지난해 스위스 IMD(국제경영연구원)가 발표한 '2004 년 세계 경쟁력 보고서'를 보면, 한국의 노사관계는 절망적인 수준이다. 조사 대상 60개국 가운데 '노사관계' 항목이 60위를 기록한 것이다. 인구 1,000명당 광대역통신 가입자 수(1위), 특허 생산성(3위), 인구 1,000명당 인터넷통신 사용자 수(5위) 등 높은 경쟁력을 보유한 대목도 있지만 선진국 진입을 목적으로 한 시점에서 노사관계가 최악이라는 평가는 고심할 대목이다.

왜 이러한 평가가 국제적인 기구에서 나오게 됐는가. 정부의 노동정책이 친노(親勞)정책으로 인식되면서, 한국에 대한 인식이 쉽게 바뀌지 않고 있는 것 같다. 세계 언론에 비치는 전형적인 한국의 근로자상은 더 이상 일터에서 땀을 흘리며 열심히 일하는 모습이 아니다. 오히려 붉은 머리띠를 두르고 구호를 외치는 드센 모습으로 변모하고 있다. 21세기에 도대체 어느 나라에서 이런 모습을 볼 수 있겠는가. 이런 여건에서 어떻게 투자를 기대하고, 선진국의 꿈을 이룩하겠는가? 동북아시아 중심 경제의 꿈도 요원할 따름이다.

해외투자자를 두렵게 만들고, 국내기업을 몰아내는 노사문화로는 성장도, 복지도, 후생도 기대할 수 없다. 글로벌 경쟁에서 생존 기반조차 마련하기 힘들다. 따라서 선진국의 꿈을 실현시키기 위해 성숙한 노사관계 정착을 가장 절실한 현안으로 삼아야 한다.

첫째, 정부의 접근방법부터 발상의 전환이 필요하다. 섣불리 검증되지 않은 새로운 노사제도를 실험하려는 만용을 부리지 말아야 한다. 새로운 제도의 도입은 또 다른 혼란을 불러올 것이다. 가장 시급한 것은 새 제도의 도입이 아니라, 오히려 기존의 법질서와 제도를 제대로 준수하도록 유도하는 것이다. 상황에 따라 서로 다른 잣대로 노사문제를 다루면 어떻게 질서를 정착시킬 수 있겠는가. 무노동 무임금의 원칙만이라도 제대로 확립된다면 노사관계는 한 차원 선진화될 수 있을 것이다.

파업이 터질 때마다 불법에 눈감아주고, 협상원칙마저 오락가락하며, 처벌 후에 반드시 사면해주는 온정과 감성의 정치로 어떻게 큰 질서를 제대로 확립할 수 있겠는가. 행여 정치적 편의주의로 노사문제를 해결하려고 시도해서는 안 될 것이다. 법질서를 유지시키는 것은 정부에 부여된 최소한의 책임이다. 이런 역할마저 외면한다면 누가 그런 정부를 믿고 투자하겠는가. 노사 모두에게 법질서를 엄격하게 적용한다는 일관된 신호를 지속적으로 보내고, 그 말을 끝까지 지키는 것이 중요하다. 정부에 대한 신뢰와 정권에 대한 믿음도 모두 여기에서부터 비롯되는 것이다. 이것은 결코 근로자를 탄압하자는 얘기가 아니다. 친사적(親使的) 발상도 아니다. 사회적 합의로 도출된 규칙을 엄격하게 적용하자는 것일 뿐이다. 물론 기존제도가 잘못된 것이라면 합리적인 절차에 따라 개선시켜야 할 것이다. 그러나 제도 개선도 성숙된 노사문화의 바탕 위에서 이루어져야 사회적 혼란을 피할 수 있다.

둘째, 노사문제를 글로벌 경쟁의 관점에서 파악해야 한다. 노사관계 선진화가 무엇을 의미하는지를 생각해보자. 노동시장의 유연성을 제고시키지 않고, 노사가 참여할 수 있는 영역과 한계도 분명히 설정하지 않고서 어떻게 투자를 유혹할 수 있겠는가. 노동자의 권익은 다른 각도에서 보호되어야 한다. 왜 노동시장의 유연성이 큰 미국의 생산성이 유럽의 생산성보다 높은가.

줄어드는 빵조각을 놓고 누가 많이 가져가느냐를 씨름하는 제로섬 게임은 시도하지 말아야 한다. 노동조합을 보호하는 친노 정책이 실업자를 양산한다면, 그들은 누가 보호해야 하는가. 성장률이 1%포인트 떨어지면 6만 명이 일자리를 잃는 현실을 직시해야 한다. 친노(親勞)정책은 일부 대형 노동조합을 보호할 뿐 일자리조차 없는 수많은 근로자를 고통스럽게 만들 수 있다. 힘있는 대형 노동조합 중심의 노동운동은 우리 사회의 통합을 더욱 어렵게 만들 뿐이다.

더 늦기 전에 발상의 전환을 시도해야 한다. 성숙한 노사문화 없이는 아무것도 이룩할 수 없다는 위기의식을 공유해야만 한다. 기업도 달라져야 하지만, 노동조합과 근로자들의 생각도 글로벌화되어야 한다. 노동시장이 선진국 수준으로 유연화되지 않고서, 어떻게 매력적인 투자대상국이 될 수 있겠는가.

06

기업경영권의 딜레마

글로벌 경제에서 외국자본의 중요성은 아무리 강조해도 지나치지 않다. 고용과 소득을 창출하며, 새로운 기술과 경영기법으로 경제의 활력소가 되기 때문이다. 외환위기 이후 우리 증권시장에서도 외국자본의 비중이 급격히 상승했다. 2005년 3월, 외국인은 삼성그룹의 54%를 사들였고, 국내 10대 그룹 전체의 43%를 보유하고 있다. 한국의 대표기업들은 대부분 외국인 투자자를 1대 주주로 모시고 있을 뿐만 아니라, 일부 그룹은 경영권마저 위협받고 있다.

금융권에서의 영향력은 더 말할 나위도 없다. 증권시장은 벌써부터 외국인 투자자들이 좌지우지하고 있다. 이 결과 중소기업은 물론이고, 대기업도 외국의 거대자본으로부터 경영권마저 위협받는 상태가 되었다. 일부에서는 특정인의 이름을 붙인 사모(私募)펀드라도 만들어 금융권을 지켜야 한다는 주장도 제기되고 있다.

물론 외국자본은 시장의 효율성과 경영 투명성을 제고시켜 기업가치를 높이는 긍정적 기여를 한다. 또한 이런 이유로 자본의 국적을 따지는 것이 무의미하다고 얘기한다. 그러나 모든 외국자본이 항상 경제에 긍정적으로 작용하는 것은 아니다. 특히 실물투자와는 무관하게 철저하게 '머니게임'에만 열중하는 단기 투기자금의 폐해는 이루 말할 수 없다. 실제로 적대적 M&A와 같은 기업사냥을 통해 거액의 차익만 노리는 투기성 헤지펀드도 수두룩하다.

이런 이유로 자본시장을 개방한 나라들은 대부분 경영권을 제도적으로 보호하는 보완장치를 갖추고 있다. 미국에서도 경영권을 지키기 위해 이사회 결의만으로 대주주에게 저가로 신주를 발행하거나, 일부 주식에 보통주와는 다른 의결권이 부여되기도 한다.

예를 들어, 포드 자동차는 대주주가 7%의 지분만 갖고도 40%의 차등의결권을 행사할 수 있다. 스웨덴이나 핀란드, 스위스, 독일 등 유럽 국가들도 유사한 경영권 보호제도를 갖고 있다. 에릭슨(Ericsson)이나 사브(SAAB)와 같은 세계적인 기업을 보유한 스웨덴에서도 주당 최고 1,000배까지 의결권을 행사할 수 있는 황금주가 있다.

영국도 기간통신 사업자 BT(British Telecom)를 민영화하면서 주요 결정에 거부권을 행사할 수 있는 황금주를 발행했다. 당시 영국 정부는 기발한 아이디어를 도입하여 민영화를 밀어붙였다. 즉 모든 주식을 매각하되, 거래가 불가능한 '특별주' 하나를 정부가 갖는다는 것이다. 그리고 특별주에는 주요한 의사결정에 대해 거부권을 행사할 수 있는 권한을 부여했다. 따라서 국가 이익에 중대한 침해를 주거나, 사회후생에 크게 반하는 사안에 거부권을 행사할 수 있게 됐다. 이름하여 '황금주'. 황금처럼 비싸고 만능의 권한을 가진 주식이다.

기능적 측면에서 보면 황금주는 일종의 차등 의결권을 가진 비거래형 주식이라고 할 수 있다. BT 이후 황금주는 유럽 전역에 널리 확산되었다. 최고경영층의 임명에 개입하거나 중요한 의사결정권을 행사하는 등 다양한 형태의 황금주도 등장했다. 정부의 입장에서 볼 때는 황금주가 너무나 매혹적이다. 지분을 모두 판 후에도 단 한 주만으로 경영을 좌지우지할 수 있으니 금상첨화가 아닐 수 없다.

이런 이유로 최근에도 그리스와 불가리아 등 많은 개도국에서 황금주를 논의하고 있다. 물론 최근에 EU는 자본의 자유로운 이동을 제한한다는 이유로 일부 기업의 황금주를 폐기한 바 있다. 황금주의 원조인 영국도 이미 BT와 공항공사의 황금주를 소각한 바 있다.

우리처럼 관치금융 전통이 강한 나라에서는 황금주가 더 큰 파장을 불러올 수도 있다. 오히려 선진국처럼 은행의 대주주와 경영진에 대한 감독당국의 엄격한 적격성 심사를 통해 공공성을 확보하는 방안이 더 바람직해 보인다. 이번 기회에 외환위기 이후 자본시장의 개방을 틈타 성격조차 모호한 무국적 자본이 적절한 심사과정도 없이 금융권을 지배하는 것은 시급히 개선되어야 할 것이다.

이와 함께 민간부문에서도 국내기업에 대한 역차별적인 규제를 풀어 투기성 펀드로부터 경영권이 위협받는 사태를 방지해야 할 것이다. 그러나 우리나라의 사정은 어떠한가. 경영권 보호는커녕, 갖고 있는 지분마저도 제대로 행사하지 못하게 하는 역차별적인 규제가 국내기업을 묶어놓고 있다. 의결권 제한과 출자총액 규제 등 대주주에 대한 불평등한 규제로 인해 적극적인 방어전략을 행사할 수 없다. 모두가 국내자본은 부도덕한 '악화(惡貨)'이고, 외국자본은 선량한 '백기사(白騎士)'라는 잘못된 명제에서 비롯된 것이다.

과연 시장의 효율성을 이유로 기업경영권을 이렇게 방치하는 것이 바람직한 것인가. 역차별이나 규제로 거대 그룹의 경영권을 정체불명의 투기적 펀드에 위협받게 만드는 것이 개혁의 목표였던가. 에너지와 통신 서비스와 같은 기간산업을 무명의 헤지펀드가 지배한다면, 오히려 악화가 양화를 구축하는 것 아니겠는가.

나아가 재산권조차 방어할 수 없는 나라에서 어떻게 창업을 기대할 수 있겠는가. 국부(國富)를 만드는 또 하나의 요소는 재산권을 철저하게 보호해주는 것이다. 이제는 구조조정 과정에서 백안시되어왔던 시장개방의 보완대책을 차분하게 정리해야 한다. 자본이 국적이 없다고 정책마저 국적이 없다면, 우리 경제는 어디로 가겠는가. 외국자본을 효율적으로 활용하면서 국내 경제에 활력을 넣어줄 수 있는 제도를 찾아내야 한다.

07

경제 선진화의 꿈

환율하락의 영향에 힘입어 불과 얼마 전까지도 정치적 망상으로 여겨졌던 1인당 국민소득 2만 달러의 꿈이 눈앞에 다가오고 있다. 실제로 우리 경제는 1995년에 사상 최초로 1인당 국민소득 1만 823달러를 달성했지만, 불과 3년을 버티지 못하고 외환위기를 맞았다. 그후 상당 기간 구조조정기를 거치면서 원화가치의 절상과 더불어 2004년 국민소득이 1만 4,000달러로 뛰어올랐다.

그러나 소득은 항상 경상가격으로 표기되므로 물가상승률과 환율 변동폭이 반영되게 마련이다. 이런 특성 때문에 다른 나라에서도 1만 달러에서 2만 달러로 상승하는 기간이 의외로 길지 않았다. 실제로 일본은 1981년 1만 달러에서 6년 뒤인 1987년에 2만 달러를 달성했고, 싱가포르도 1989년에서 1993년 사이에 1만 달러의 소득이 두 배로 증가했다. 소규모 개방경제로 많은 나라의 세계적인 벤치마크의 대상이 되고 있는 스웨덴과 핀란드, 네덜란드 등도 모두 1980년대 초에서 중반 사이에 1만 달러의 소득을 두 배로 올렸다.

세계 각국의 환경이 모두 다르긴 하지만 우리가 5~7년 사이에 2만 달러 꿈을 이루겠다는 것이 결코 망상이 아니다. 우리도 경상수지 흑자가 지속된다면, 원화가치 상승으로 달러로 표시한 소득은 더 빠르게 높아질 수 있다. 그러나 우리 경제가 2008년에 2만 달러를 달성한다 해도 일본과 이미 21년, 싱가포르와는 15년의 격차가 나는 셈이다. 따라서 이제는 도약의 목표를 훨씬 더 높게 잡아야 한다.

물론 소득이 높다고 모든 경제 현안을 해결할 수 있는 것은 아니지만, 높은 소득은 많은 경제문제를 풀어나갈 수 있는 필요조건임에는 틀림없다. 선진국 여부를 평가하는 가장 기본적인 지표로 1인당 국민소득을 사용하는 것도 이런 이유에서 비롯된 것이다. 소득을 높여 선진국으로 가자는 얘기를 단순히 물량 지향적인 편견이라고 치부할 수는 없다. 분배를 개선하기 위한 사회정책도 어느 정도 큰 빵이 있어야만 더욱 풍족하게 해결할 수 있지 않겠는가. 그렇다면 어떻게, 우리 땅을 21세기에도 축복받는 부유한 나라로 만들 수 있겠는가.

최근 미국의 NBER(국립경제연구소)이 세계 72개국을 분석한 결과에 따르면 빈국과 부국을 가름하는 가장 중요한 요인은 바로 '제도와 정책'이다. 세계 최고의 경제학술지인『미국 경제학회지(American Economic Review)』에는 효율적인 제도를 식민지 유산으로 물려받은 국가가 모두 부국이 되었다는 결과도 발표되었다. 부자 나라를 만드는 묘약이 바로 정부조직과 제도의 효율성에 있음을 역사적 경험에서 찾은 것이다. 정치적 안정은 물론 재산권, 법적제도, 효과적인 시장의 인센티브, 노사관계 안정이 전제되어야 한다는 것이다.

번스타인은 자신의 저서『부의 탄생』에서 부자 나라의 네 가지 조건으로 자유로운 재산권의 보장, 과학적 합리주의, 효율적인 자본시장, 그리고 빠르고 효율적인 통신과 교통수단을 지적하고 있다. 1700년, 네덜란드가 영국보다 두 배나 많은 소득으로 유럽 최고의 부(富)를 누린 것도 재산권의 확고한 보장과 혁신적인 발명, 새로운 혁신을 좇는 합리주의에서 비롯되었다는 것이다. 이 밖에 지적된 수많은 역사적 사례들이 모두 네 가지의 공통점을 갖고 있다.

우리는 과연 어떠한가? 역사적 경험은 우리에게 많은 교훈을 던져주고 있다. 다시 한 번 선진국의 꿈을 실현할 수 있는 조건들을 정리해보자. 시장친화적인 인센티브와 재산권의 보호, 정부조직의 효율성과 정책의 일관성, 글로벌 경제의 시장흐름을 이해하는 국민정서, 과학적 발명을 뒷받침할 수 있는 전문 인력의 기여가 가장 절실하지 않겠는가. 성장전략에서도 새로운 패러다임이 필요하다. 1960~1970년대처럼 자본이나 노동력을 동원한 외연적인 발전이 아니라, 효율성 제고를 통한 내연적 성장을 추구해야 한다. 노동생산성을 높이고 여성인력과 세계 최강이라는 IT 인프라도 적극 활용해야 할 것이다.

개혁이 인기가 아닌 글로벌 표준을 지향하고, 시장친화적인 방법으로 추진되는 것도 중요하다. 기업에는 글로벌 표준을 요구하고, 정부의 정책과 노사문화가 1970년대의 우리식을 고집한다면 어떻게 국제적인 신인도가 올라갈 수 있겠는가. 외국인 투자를 강조하면서 기업환경 개선에 소극적이라면 어떻게 동북아시아 중심국가를 효율적으로 추진할 수 있겠는가

물론 이것만으로 선진국의 목표가 달성되는 것은 아니다. 교

육과 과학기술은 물론 경제를 뒷받침하는 사회와 문화, 국민들의 정서까지도 모두 부자 나라를 지향하고 있어야 한다. 비록 그 목표가 가까운 꿈이 아니라 할지라도 지금부터 모든 시스템을 글로벌 경쟁의 틀에 맞게 정착시켜 나가야 한다. 분배와 후생에 대한 욕구도 '가난한 나라, 부자 아빠'의 개념으로 해결하지 말고, '부자 나라, 부자 아빠'의 문제로 접근해야 한다.

패러다임을 새롭게

부자 나라의 공통점은 역시 변화하는 시장흐름에 적응할 수 있는 패러다임의 전환에 있다. 이것은 기업에게만 적용되는 논리가 아니다. '필리핀처럼만 잘살았으면……' 하고 바라던 한국, 1인당 국민소득이 120달러였던 우리가 한강의 기적을 어떻게 만들었는가. 수백 년 동안 영국의 식민지 지배를 받던 유럽의 빈국(貧國) 아일랜드가 어떻게 영국의 소득을 앞지르며 세계적인 성공모델로 등장했는가. 모두 패러다임에서 비롯되었다.

자원을 중시하는 전통적인 관점에서 생각하면 어떻게 한국이 필리핀을 앞서고, 무슨 재주로 아일랜드가 영국보다 잘살 수 있겠는가. 부존자원이 적고, 국내 생산기반이 취약했어도 모두 새로운 발상의 전환으로 살아가는 방식을 바꾸는 데 성공했기 때문이다. 21세기의 새로운 국부론(國富論)은 자원이나 경제구조를 탓하지 않는다. 글로벌 기업의 성공신화는 더 이상 대량생산에 의한 원가절감만을 외치지 않는다. 기업이나 국가나 개인이나 모두 시대의 트랜드를 앞서가는 새로운 패러다임을 찾아 나서야 한다. 생각의 틀을 바꾸고, 고정관념을 새롭게 하며, 수십 년 때문은 국민정서의 함정에서 벗어나야 한다.

1983년 쉘(Shell)은 100년 이상 장수한 기업의 비결을 연구한 결과 변화하는 시장환경에 얼마나 빠르게 대응했느냐에 달려 있다고 말했다. 700년 이상 살아남아 최장수 기업이 된 스웨덴의 스토라(Stora)도, 중세부터 산업혁명과 제1, 2차 세계대전을 거치면서 변신과 변신을 거듭하며 살아남았다. 증기를 활용한 내연 기관을 생산공정에 활용하기 시작한 이후, 전기, 마이크로 칩 등 첨단 IT기술에 이르기까지 변신을 거듭하며 제지산업의 경쟁력을 유지하고 있다.

기업문화에 대한 연구를 보면 대체로 새로운 아이디어에 관용을 베푸는 기업이 패러다임의 전환에도 적극적이다. 현재 사업과 전혀 관계가 없는 아이디어까지도 귀중하게 받아들이는 풍토가 장수의 또 다른 비책이다. 100년이 넘은 기업 모두 사업의 포트폴리오를 미련 없이 바꿔 나가며 성공했다. 사업 변신의 원천은 바로 새로운 아이디어에서 비롯됐다.

무엇이 '고무장갑'으로 널리 알려진 노키아를 세계적인 IT기업으로 성장시킨 것일까? 많은 경영학의 이론을 도입할 수 있을지 모른다. 그러나 한마디로 요약한다면, 이것 역시 패러다임의 전환에 성공했기 때문이다. 노키아는 1865년 무명의 광산기사 이데스탄(Fredrik Idestan)이 조그만 목재펄프 공장을 차리면서 시작되었고, 거의 100년 이상을 펄프와 타이어, 고무 등을 만들며 건실하게 유지해왔다.

그러나 파격은 1970년대 말 올릴라 회장으로부터 시작되었다. 120년 동안 본업으로 유지했던 제지와 고무업을 과감히 포기하고, 업계 1위를 목표로 이동전화 단말기와 IT 인프라 사업에 뛰어들었다. 1980년대로 접어드는 글로벌 트랜드를 분명히 읽었던 것이다. 120년의 본업을 포기하고 새 사업에 뛰어드는 것이 그렇게 쉬운 일이었을까? 그러나 결과적으로 노키아는 물론 핀란드를 21세기 선진국으로 끌어올린 것은 바로 그의 결단에서 비롯되었다. 새로운 패러다임을 찾아낸 기업가정신이 기업과 나라를 바꾼 것이다.

이제 더 이상 18세기 아날로그의 눈으로 세상을 보지 말자. 지금은 디지털이 지배하는 세계의 트랜드를 타야만 한다. 국가의 정책도, 기업의 전략도, 개인의 세상살이도 이제는 글로벌화된 눈으로 새로운 생각의 틀을 만들어야 한다. 기업이 가치를 창출하는 과정 하나하나마다 디지털의 눈으로 새롭게 조명해야 한다. IT는 더 이상 특정한 전문가의 기술 코드가 아니다. 유비쿼터스(ubiquitous)가 상징하는 의미처럼 언제 어디서나 우주 공간 구석구석에 새로운 문화를 창출하고 있지 않은가. 금융과 IT가 만나 놀라운 변혁을 만들고 있다. IT기술과 BT가 만나고, 나노와 청정기술(CT)이 유압되어 제조업과 금융, 첨단 서비스를 융합시키는 하이브리드 현상이 확산되고 있다. 이런 환경변화에도 불구하고 정부가 과거의 정책 패러다임만 고집한다면, 우리 경제가 어떻게 선진화되겠는가.

1960~1970년대의 낡은 고정관념으로는 글로벌 경쟁의 늪 속에서 헤어날 수 없다. 게다가 시장과 기업에 부정적인 사회 정서까지 만연한다면 우리 경제는 어디로 가겠는가.

에필로그 : 우리도 다시 날아오를 수 있다

경제는 어느 누구 한 사람의 뜻대로 움직이지 않는다. 지도자의 리더십이 중요한 것은 사실이지만, 기업과 가계와 소비자가 공동으로 만들어가는 것이 바로 경제다. 이것뿐만 아니다. 해외의 경제환경 역시 매우 중요한 역할을 한다. 국내 요인이 아무리 좋다고 해도 우리가 통제할 수 없는 외부요인이 경제를 망가뜨릴 수도 있다.

글로벌 경제에서 이런 위험성은 더욱 커지고 있다. 물론 그 반대의 역설도 성립된다. 그러니까 경제는 정부와 기업, 가계, 해외요인이 합작으로 만들어내는 예술과 같다. 어느 한 가지 요인도 제대로 움직이기 어려운데 네 가지 요인이 동시에 협력적으로 작동하는 것은 지극히 어려울 수밖에 없다. 그래서 경제로부터 자유로운 나라가 없으며, 선진국이나 후진국이나 모두 나름대로 경제문제를 안고 있는 것이다.

1960년대 이후 우리 경제는 지난 1996년까지 기적적인 성장을 거듭해왔다. 1인당 국민소득 100달러를 달성한 것이 1964년이었는데, 40년이 지난 지금은 무려 1만 3,000달러를 넘어서고 있다. 아무리 달러가치의 하락을 감안한다 해도, 130배에 달하는 절대 소득의 상승을 부인할 수 없다. 어떤 기준으로 비교해도 세계에서 유례를 찾아보기 힘든 벤치마킹의 사례가 아닐 수 없다. 5,000년 한국 역사에서 가장 찬연한 경제성장의 신화를 만들었던 것이다.

그러나 경제성장의 역사를 상세히 분석해보면 실제로는 1962년부터 1996년까지 34년간 고도성장을 했을 뿐, 지난 9년간은 외환위기 때부터 시작된 구조조정이 아직도 계속되고 있다. 말하자면 34년간의 성장 뒤에 '잃어버린 9년'의 고통스런 기억이 자리잡고 있는 것이다. 잃어버린 세월은 9년으로 끝날 것인가, 아니면 더 많은 세월을 손질해야만 과거의 영화로 돌아갈 수 있을 것인가? 분명 앞으로 2~3년이 큰 고비가 될 것이다.

최근의 국내환경을 중시하는 전문가들은 잃어버리는 세월이 길어질 것이라고 걱정하기도 한다. 그러나 우리 경제의 잠재력을 믿는 학자들은 머지않아 성장의 트랜드를 회복할 것이라고 장담한다. 양자 모두의 가설이 진실로 승화될 개연성은 있겠지만, 경제는 적어도 사전적으로 운명이 정해져 있지는 않다. 어떤 외부의 변화라도 적극적으로 수용하고 글로벌 경쟁력을 갖출 수 있는 내부환경만 정립된다면, 우리도 곧 날아오를 수 있다.

실제로 우리 경제는 여전히 세계에서 가장 역동적인 나라의 하나로 평가받고 있다. 지난 30년간 실질 성장률이 7%대로 가장 높은 수준이고, 경제 규모는 11위 수준을 나타내고 있다. 중국과 인도 등 개발도상국의 급성장에도 불구하고 수출은 아직도 두 자리 수의 성장률을 지속하고 있다. 특히 BRICs에 대한 수출증가율이 매우 높아 앞으로도 상당 기간 동안 수출 증가세는 지속될 것으로 전망되고 있다. 소득분배도 국제적 기준으로 보면 아직은 균등한 상태에 있어 그렇게 심각한 것은 아니다.

성장동력이 상실되어가고 있다는 지적에도 불구하고, 한국은 아직 세계 4위의 외환보유고, 10대 채권국으로서 두 자리 수의 수출증가율을 달성하는 잠재력을 발휘하고 있다.

국가 간 제도적 장벽이 무너진 21세기에는 한국과 같이 부존자원이 없는 나라도 쉽게 비상할 수 있는 환경이 조성되고 있다. 자원도, 기술도, 자금도, 사람도 모두 움직일 수 있기 때문이다. 따라서 부존자원이 문제가 아니라, 이들 생산요소를 끌어들일 수 있는 조건이 문제가 된다. 국가의 경쟁력은 이제 제품이 아니라 얼마나 사업하기 좋은 환경을 만들어주느냐에 달려 있다. 애국심에 호소하여 국내기업을 붙들어놓을 수도 없고, 배타적인 국가주의적인 정책만으로 글로벌 기업과 경쟁할 수도 없게 되었다. 열린 세상에서 모든 게 움직이는 모바일과 유비쿼터스의 세계에서 한국을 가장 매력적인 나라로 만들어내야만 한다.

가장 절실하게 필요한 것은 무엇인가? 우선은 시장친화적인 사업환경을 만들어주어야 한다. '동전 한 닢'도 이해해주고, 기업가를 육성해내는 사회정서가 필요하며, 모험적 투자를 감행하는 기업가정신도 존중해주어야 한다. 기술이 지배하는 사회 변화에 맞추어 세계적인 전문가를 배출할 수 있는 교육시스템도 개발해야 한다. 가볍게 날아오르기 위해 버려야 할 유산도 많다. 우선 정부가 정책의 패러다임을 바꿔야 한다. 경제문제를 정치적 논리로 풀어 나가는 비효율적 접근도 달라져야 한다. 지나친 투명성의 기준만으로 기업을 평가하는 자세도 달라져야 한다. 투명성도 중요한 가치이지만, 이 역시 세계적인 기준에서 상대적으로 평가되어야 한다. 오히려 사회 전체 시스템의 효율성이 어떤 나라와도 경쟁할 수 있을 정도로 높아져야 한다.

효율보다도 균형을 지나치게 강조하는 정서도 경제에는 무거운 짐이 된다. 형평이나 균형은 중요한 가치이지만, 경제정책보다는 사회정책으로 풀어 나가야 할 과제다. 균형발전을 위해 수도권 투자를 억제한다면, 그 기업이 어디로 가겠는가. 정부의 의도대로 지방에 투자하지 않고, 오히려 해외로 빠져 나가지 않는가. 대학교육도 마찬가지다. 수도권의 좋은 대학의 정원을 감축하면, 학생들이 지방으로 가지 않고 오히려 외국으로 나가게 되어 유학만 부채질하는 꼴이 된다. 시장은 항상 자율과 창의성이 결합되어야만 그 진가를 발휘한다. 풍부한 것이라곤 인적자원밖에 없는 우리 경제에서 전문가 육성의 필요성은 아무리 강조해도 지나치지 않다. 경제문제에 형평의 논리를 무리하게 적용하면 시장경제의 핵심인 경쟁과 효율이 위협받게 된다.

우리 사회가 시장의 흐름을 제대로 수용하고, 글로벌 패러다임으로 전환한다면 경제 역시 빠르게 달라질 수 있을 것이다. 40년 전 동쪽 끝의 무명의 나라가 지금은 세계시장을 지배하는 초일류 기업과 상품을 탄생시키지 않았는가. 폐쇄적이고 부정적인 우려를 떨쳐버리고 열린 마음으로 글로벌 경쟁력을 길러낸다면, 우리는 다시 날아오를 수 있을 것이다.

SERI 연구에세이

삼성경제연구소가 SERI 연구에세이 시리즈를 발간합니다.

SERI 연구에세이는 우리시대의 과제에 대한 지식인들의 직관과 지혜, 그리고 통찰력을 담아 한국 사회가 가야 할 방향을 밝히고 구체적인 정책대안을 제시하는 메시지입니다.